D1734089

LUISA FRANCIA

Blühende Fantasie

Die eigene Lebensvision gestalten

Mit 20 Zeichnungen von Luisa Francia

Besuchen Sie uns im Internet:
www.mens-sana.de

© 2018 Knaur Verlag
Ein Imprint der Verlagsgruppe
Droemer Knaur GmbH & Co. KG, München
Covergestaltung: atelier-sanna.com, München
Coverabbildung: Luisa Francia
Satz: atelier-sanna.com, München
Druck und Bindung: CPI books GmbH, Leck
ISBN 978-3-426-65835-2

5 4 3 2 1

Es ist Zeit, die Welt umzuträumen!

Inhalt

Blühende Fantasie

»Du hast eine blühende Fantasie!« Wer das hört, fühlt sich nicht wirklich verstanden, und meistens ist es auch nicht anerkennend gemeint. Meine Mutter und meine Oma benutzten diese – immerhin freundliche – Formulierung, um mich mit meiner seltsamen Welt auf Abstand zu halten. Dabei wäre meine Mutter ohne ihre blühende Fantasie eine unglückliche geschiedene Frau gewesen, und meine Oma wäre ohne blühende Fantasie sicher keine »lustige Witwe« geworden.

»Blühende Fantasie« braucht man, um den Geist nicht in die Beschränkungen des Körpers, sondern den Körper in die Freiheit des Geistes mitzunehmen. Leider reicht die Kraft der meisten Menschen nur für das Evozieren der Schrecken, nicht jedoch für die kreativen Entwürfe der eigenen Zukunft und die Lebenslust. Wir sind eben alle MeisterInnen der Magie der Verhinderung.

»Das wird nichts« kann jede, jeder sagen. Viel interessanter finde ich, wie es etwas werden kann, und davon handelt »Blühende Fantasie«: mit mehr Raum, mehr Mut, mehr Durchhaltevermögen zu leben und zu gestalten. Warum sollten wir unsere Kraft immer in fremde Pläne oder Produkte stecken? Es geht doch darum, mit dieser Kraft das eigene Leben zu gestalten und damit glücklich zu werden.

Wenn ich mit Frauen in Workshops den freien Raum der Fantasie ergründe, gehen wir nicht in die Situationen der Defizite und Schmerzen, sondern in den Raum der wilden Kraft. Es ist sicher sinnvoll, sich von Schmerz und Trauma in einer Therapie zu lösen. Mir ist jedoch das Wiederentdecken der Urkraft wichtig, die neue Energien bringt und die weibliche Kraft nährt.

Im Lauf meines Lebens habe ich erfahren, dass das, was in der Fantasie blüht, auch gern in die körperliche Welt wächst, und umgekehrt das, was in der Fantasie nicht blühen kann, nicht blühen darf, nur sehr schwer oder gar nie greifbare Wirklichkeit werden kann.

Die blühende Fantasie hat zwei Anlegestellen im Körper: das Gehirn und den Darm. Sie transzendiert sozusagen die körperlichen Funktionen, befreit sich von der Limitiertheit des Körpers und fliegt in den grenzenlosen Raum, in dem alles, was im Universum existiert, zu Hause ist. Das Gehirn produziert die Bilder der blühenden Fantasie, übersetzt die Sprache der

Sprachlosen, wächst in unbekannte Dimensionen und holt die Impulse in den körperlichen Raum. Der Darm reagiert auf feinste Schwingungen und Energieveränderungen. Das bekannteste Beispiel ist der Durchfall vor Prüfungen oder die Verstopfung, wenn jemand nichts mehr hergeben will vor Stress, vor Angst, vor Anspannung.

Kinder haben meistens einen unverkrampften Zugang zur blühenden Fantasie, denn sie sind noch sehr nah an dieser Energie, aus deren Essenz sie ja gekommen sind. Kindern wird, wenn sie klein sind, die blühende Fantasie meistens noch erlaubt. Später heißt es dann: »Du lügst.« Und dann wird das Feld der Blüte überlagert mit Drohungen, Strafen, Schreckensbildern. Das führt dazu, dass die schöpferische Energie dieses grenzenlosen Feldes vergessen wird und viele deshalb keinen Zugang mehr haben zum hemmungslosen Spinnen und Träumen, zum Fantasieren und Reisen an die Orte der anderen Wirklichkeitsebenen. Wer sagt: »Das ist doch pure Fantasie!«, outet sich eigentlich als Person, die keinen Zugang zur universellen Kommunikation hat.

Herrschende haben erkannt, dass dieser grenzenlose Raum der blühenden Fantasie nicht beherrschbar und sehr mächtig ist. Selbst in Gefangenschaft haben Menschen Zugang zu diesem Energiefeld. Ein schönes Beispiel dafür ist Nelson Mandela, der sich in diesem Raum frei bewegen und nie zerstört werden konnte.

Die blühende Fantasie will nicht beherrschen, will nicht belehren oder recht haben. Sie blüht. Sie streckt ihre Wurzeln überall im körperlichen und geistigen Raum aus, sie kümmert sich nicht um Schönheit oder Hässlichkeit, sie ordnet nichts ein, ist wild und verwegen, verträumt und grenzenlos versponnen. Sie kann alles wandeln, Mensch zu Tier zu Klang zu Sturm zu Erde zu Stern. Formen und Gesetze sind ihr nur Spielzeug.

In der sprachlosen Zeit hatten die Menschen offenbar mehr Zugang zu dieser Kraft, denn ihre Höhlenbilder zeigen, dass sie kein Problem damit hatten, Menschen mit Tierkörpern, Tiere mit Menschenköpfen oder mit mehreren Köpfen oder Punkten darzustellen. Alles war möglich in der Zeit ohne Sprache. Doch die sechsundzwanzig Buchstaben veränderten alles. Nun konnte sogar ein Krieg erklärt werden, der doch wirklich unerklärlich ist.

Die blühende Fantasie setzte sich aber auch in der Sprache durch. Wissenschaftlich wird das Poesie genannt und ist ein Spielraum, der literarisch zugestanden wird, vorausgesetzt, er hält sich an Rhythmus- und

Strukturregeln. Die Slampoetry hat sich mit wilden poetischen Ausbrüchen den Raum der blühenden Fantasie allerdings wieder zurückgeholt.

Eine wahre Protagonistin der blühenden Fantasie ist Astrid Lindgren. Mit Pippi Langstrumpf hat sie ein Wesen geschaffen, das mit einem Fuß in der kargen Wirklichkeit der Menschenwelt steht – sie hat ihr ein Pferd zugesellt und lässt sie Schuhcreme essen –, mit dem anderen Fuß kreist sie in einem Raum, der unfassbar ver-rückt ist. Und das Tollste: Sie ist weltweit unvorstellbar beliebt. Das bedeutet ja auch, dass Menschen große Sehnsucht nach dieser Energie jenseits von Vernunft und Ordnung haben.

Für die blühende Fantasie gibt's kein Lob, keine Auszeichnung, keine öffentliche Anerkennung, weil sie die HüterInnen der Ordnung verunsichert. Wie soll man mit einer Energie umgehen, die sich völlig frei und oft genug chaotisch im Raum bewegt und nicht einzuordnen ist? Diejenigen, die Zugang zur blühenden Fantasie haben, können auf diese Anerkennung verzichten. Ihre Glückseligkeit nährt sich aus den unerschöpflichen Quellen der Be-Geist-erung.

Die Illusion, die mutlose Schwester der Vision, kommt oft aus der vorgefertigten und eingeschleusten Manipulation von außen, während die Vision immer das Resultat einer tiefen Auseinandersetzung mit der eigenen Sehnsucht, der eigenen Kraft ist. Deshalb ist es kraftraubend und sinnlos, sich immer mit der Illusion zu begnügen, anstatt mit allen Mitteln die eigene Vision zu verwirklichen.

Mit der Illusion bleiben wir in der Verdrängung: »Es wäre schön, wenn …« Mit der Vision malen wir uns in der Fantasie aus, was verwirklicht werden soll. Es ist eine Art aktives Träumen. Und wenn sich in der physischen Wirklichkeit ein Anknüpfungspunkt ergibt, steigt die Visionskraft ein, wir ergreifen die Chance und nutzen sie.

Mag sein, dass es Reinkarnationen gibt. Vielleicht ist dieses Leben jedoch deine einzige Chance, in dieser körperlichen Welt glücklich zu sein. Wage es! Reinkarnieren kannst du dich dann immer noch.

Um zu verdeutlichen, dass unser ganzes Leben auf Imagination beruht, erkläre ich im ersten Teil dieses Buches zunächst die vielen Wirklichkeitsebenen, in denen wir ganz selbstverständlich leben. Im Praxisteil finden sich dann zahlreiche Übungen für Imaginationen und Visionen. Ich beschreibe, wie das eigene Hirn neu bebildert werden kann, wie alte, untaugliche Bilder ausgemistet und neue beglückende eingesetzt werden können.

Auch die ganz banale, wunderbare, rätselhafte materielle physische Wirklichkeit wird mit Imagination und Fantasie gestaltet.

Eine Frau, die Millionen zur Verfügung hat, wird gefragt: »Wenn Sie sich wieder reinkarnieren könnten, was wäre dann Ihr Wunsch?«

»Dann möchte ich wirklich reich sein«, antwortet die Frau.

Das Göttliche kann nur erkennen, wer selbst das Göttliche in sich nährt.

»It's all in the mind«, sagt der Werbespruch eines Sportausstatters, wie wahr!

»Fantasier nicht!«, wird oft Kindern gesagt. Die Eltern haben Angst, dass verträumte Kinder in der Welt nicht bestehen könnten. Doch mir scheint, das Gegenteil ist der Fall. Während viele AkademikerInnen keine Jobs finden, Taxi fahren oder sich mit anderen kleinen Jobs über Wasser halten, sind TräumerInnen erstaunlich resistent gegen Krisen, aber auch gegen Spott und Kritik und natürlich – gegen Lob!

»Der Traum ist das Herz der Wirklichkeit« – dieser Ausspruch des Dichters Pablo Neruda während einer Lesung erweist sich als belastbare Wahrheit.

Wer anfängt, seiner Fantasie zu vertrauen, wird sein Leben verändern, weil er Schluss macht mit Schuldzuweisungen und Wehleidigkeit und Verantwortung übernimmt für die Herausforderung, mit der wir alle geboren werden, egal, wie schwer, wie gut, wie schlecht wir es haben.

Mach aus deinem Leben eine Erfolgsgeschichte! Nicht für andere – für dich.

Lass deine Fantasie blühen, träume ins Leben hinein, gestalte dieses Leben!

Wie wirklich ist die Wirklichkeit?

»Woran arbeitest du gerade?«, fragte eine Freundin.

»An Visualisierung und Imagination«, antwortete ich.

»Ich kann mir nichts vorstellen«, sagte sie überzeugt. »Ich hab keine Fantasie.«

»Wo fährst du denn in diesem Jahr in Urlaub hin?«, fragte ich scheinheilig.

Sie freute sich über den Themenwechsel. »Ich fahre nach Andalusien«, antwortete sie strahlend.

»Warst du schon mal dort?«, fragte ich.

»Nein, aber es muss da wahnsinnig schön sein!«

»Imagination«, meinte ich trocken.

Sie war irritiert.

»Alles, was du über Andalusien gehört und gelesen hast, manifestiert sich in deiner Imagination, du stellst es dir vor und freust dich drauf.«

»Ja, und?«, fragte sie fast ein wenig barsch. »Ist das nicht legitim?«

»Genau darum geht es«, sagte ich, »um die Kraft der Fantasie, die du angeblich nicht hast und mit der du dir Andalusien vorstellst.«

Die Ereignisse unseres Lebens mögen wir ja körperlich erleben, doch was sie uns bedeuten und wie sie uns prägen, entscheidet allein die Imagination. Das Hirn setzt die Informationen, die Gefühle, die Erfahrungen, die Möglichkeiten zu einem Bild zusammen, das dann zu Entscheidungen führt. Um beim Beispiel Andalusien zu bleiben: Erzählt mir jemand, dass er/sie dort ausgeraubt wurde, färbt sich das eben erstellte schöne Bild düster ein. Die Kombination Andalusien/Raub wird irgendwo im Hirn sicherheitshalber abgespeichert. Setze ich mich über diesen Schatten hinweg und denke mir: »Das kann überall passieren!«, habe ich mit einer Imagination die vorherige Information überschrieben.

Dieses Überschreiben von dem einzig gültigen Wirklichkeitsmodell bei vernünftigen Menschen habe ich schon seit meiner Kindheit geübt. Als ich ungefähr fünf Jahre alt war, entdeckte ich »Elisabeth« auf dem Dach einer Sattlerei-Werkstatt. Das ziemlich flache Dach zog sich bis zum Boden, deshalb konnte ich problemlos hinaufsteigen und Elisabeth treffen. Alle meine Krisen und Ängste löste ich, indem ich mit Elisabeth sprach. Für meine Mutter, Oma und Schwester hatte ich einfach »eine lebhafte Fantasie«. Nur ich wusste, dass Elisabeth auf einer anderen Wirklichkeitsebene existiert und mir tatsächlich helfen kann.

Kürzlich wurde die Werkstatt abgerissen und ein Wohnhaus gebaut. Ich verabschiedete mich von Elisabeth und bedankte mich bei ihr für die Hilfe in meiner Kindheit.

Gibt es Elisabeth?

Ich denke, die meisten Menschen würden sagen, ich hätte mir diese Erscheinung nur eingebildet, und doch veränderte sie mein Leben in der physischen Wirklichkeit. Die »Fantasiegestalt« Elisabeth wurde zu einer wichtigen Energie, zu einer Helferin in schweren Zeiten. Auf die Weise war sie nicht nur in der imaginierten Wirklichkeit real, sondern im wahrsten Sinn des Wortes auch in der körperlichen.

Für mich war dieser spielerische, weiche Übergang von Fantasie, Vision und physischer Wirklichkeit immer völlig selbstverständlich. In der Schule wurde mir allerdings klargemacht, dass das, was mir Heimat war, als »Erfindung« oder gar »Lüge« abgetan wurde.

Das Problem fängt damit an, dass wir glauben, wir könnten die Wirklichkeit definieren oder die Wirklichkeit wäre etwa greifbar, erfassbar, definierbar und damit begrenzt.

Die Wirklichkeit, an die wir glauben sollen, wird uns von allen möglichen »Fachleuten« beschrieben. In der Medizin gibt es »gesund« und »krank«, in der Psychiatrie »normal« und »nicht normal« – fortschrittlichere Menschen sprechen dann von »Inklusion« und finden sich ganz toll, dass sie das, was bereits als unnormal erkannt wurde, großzügig bereit sind zu akzeptieren. Schulerziehung und Medien bereiten uns eine Wirklichkeit auf, die meistens einen Anspruch auf Vollständigkeit mitbringt: Das sind die Fakten. So ist die Welt. Die Wirklichkeit soll messbar, sichtbar, hörbar, fühlbar, riechbar und vor allem greifbar sein, weil wir sonst verunsichert, ja verloren sind. Deshalb ist eben alles andere nicht wirklich. So einfach ist das!

Doch so einfach ist es eben nicht. Wenn wir uns dementsprechend verhalten, handeln wir nicht anders als Kinder, die die Hände vor die Augen legen und meinen, sie seien unsichtbar. Wir können natürlich dieses etwas unbeholfene Wirklichkeitsmodell für uns annehmen und darin leben, doch ist es nichts als ein Leben in Gefangenschaft, in einem illusionären Raum, der uns zwar hilft, unsere eigenen Vorurteile und Meinungen zu zementieren, der jedoch gleichzeitig in diesem Zement erstarrt.

Dies veranschaulicht die Geschichte eines Mannes, der von Geburt blind war. Im Rahmen eines medizinischen Experiments bekam er eine neue Netzhaut und konnte plötzlich sehen. Doch als er die Augen aufschlug, erschrak er: Diese Wirklichkeit konnte er nicht einordnen, er erkannte nicht, was er sah, weil er nie sehen gelernt hatte. Das war für ihn nicht Wirklichkeit, sondern verwirrendes Chaos von Farb- und Formimpulsen, die er nicht verstand. Seine Welt war geformt aus Tönen, Gerüchen, aus imaginierten Szenarien, Farben, Wegen. Seine Orientierung bestand darin, Hindernisse zu erfühlen, die Luft zwischen den Dingen zu spüren und einzuschätzen, die Wärme-Kälte-Unterschiede zu deuten. Das war wirklich. Die Bilder waren für ihn aufdringliche Attacken.

Wirklichkeit ist immer subjektiv. Das können wir beispielsweise beobachten, wenn sich sichtbare Orte durch Gefühle verändern. Du bist glücklich, und ein Raum, ein Haus, ein Platz erscheint dir schön und wunderbar. Du hast gerade einen geliebten Menschen verloren, derselbe Raum, das Haus, der Platz ist jetzt von einer anderen Energie erfüllt, gibt keinen Trost, strahlt keine Schönheit aus.

Die meisten Menschen kennen diese Wirklichkeitsveränderung durch Gefühle: »Da gefiel es mir nicht, vielleicht weil ich krank war. Ich hatte keinen Nerv für die Schönheit der Natur.« Oder: »Mit der fahre ich da nicht mehr hin, sie hat mir durch ihr ständiges Gerede von ihren Unglücksfällen alles verdorben, ich weiß gar nicht mehr, wie es da eigentlich ausgesehen hat.« Das sind zwei Bemerkungen von Freundinnen, die ich aufschnappte und interessant fand: Es gibt also tatsächlich verschiedene Wirklichkeiten, je nach Gefühlslage. Und die unterschiedlichen Wahrnehmungen sind ein ganz selbstverständlicher Teil unserer Beschreibung der Wirklichkeit.

Ähnlich verhält es sich, wenn mehrere Menschen am gleichen Ort im Urlaub waren und man dennoch völlig verschiedene Beschreibungen des Ortes erfahren kann. Die einen sahen sich in einem Strom von Touristen, überall musste man lange warten, und das Essen war auch nicht gut. Doch dann gibt es auch begeisterte Beschreibungen einer zauberhaften Abendstimmung, einer abgelegenen kleinen Straße mit einem unauffälligen Restaurant, in dem hervorragend gekocht wurde.

Jede/-r bringt die eigene Wirklichkeit mit und fädelt sich in die Wirklichkeitsschicht eines Ortes anders ein. Es gibt wohl nicht zwei Menschen, die einen Ort oder ein Ereignis gleich erleben. Dennoch tun wir ständig so, als gäbe es eine objektive Wirklichkeit. Ist das nicht interessant?

Besonders eindrücklich ist die Wirklichkeitswahrnehmung im Film »Rashomon« des japanischen Regisseurs Akira Kurosawa dargestellt. Unter dem alten Tor »Rashomon« suchen ein Holzfäller, ein Mönch und ein Bürger vor dem Regen Schutz. Sie erzählen sich eine Begebenheit, die sich an diesem Ort zugetragen haben soll. Im Film sieht man nun alle beteiligten Personen dieser Geschichte, eine Frau, einen Samurai, einen Banditen und eine Geisterfrau, die den toten Samurai darstellt, eine Version des Ablaufs eines Verbrechens erzählen. Die Tatsache, dass jede Person und sogar das Geistwesen die Geschichte anders wahrnehmen und erzählen, ist als »Rashomon-Effekt« in die Psychologie eingegangen. Er beschreibt die objektive Wirklichkeitswahrnehmung.

Ein weiterer interessanter Aspekt ist, dass manche Zutaten zur physischen Wirklichkeit schlicht nicht wahrgenommen werden. Das zeigen beispielsweise Versuche mit Videoaufnahmen eines (inszenierten) Banküberfalls. Die Testpersonen sollen die Menschen zählen, die sie auf der Videoaufzeichnung sehen. Alle kommen zu dem Schluss, dass sich sechs Leute im Bankraum aufgehalten haben. Doch es waren sieben: Die Putzfrau wurde von den Probanden nicht gesehen und deshalb auch nicht mitgezählt.

In der britischen TV-Serie »Sherlock« gibt es eine Szene, in der Sherlock sich fragt: »Wer kann überall sein, ohne wahrgenommen zu werden?« In diesem Fall ist es der Taxifahrer. Niemand schöpft Verdacht, wenn er in der Stadt umherfährt. Unter dem Bild der scheinbaren Wirklichkeit breitet sich der dunkle Raum des Nicht-Sichtbaren aus, in diesem Fall des Verbrechens.

Wir alle schaffen ständig unsere eigene Wirklichkeit und richten uns darin ein. Auch ein Buch zu lesen erweckt die Fähigkeit zur Imagination. Die Worte, die uns präsentiert werden und die wir nur deshalb überhaupt verstehen können, weil es eine Absprache gibt, was sie bedeuten sollen, erzeugen im Hirn eine bebilderte Szenerie, die vermutlich jeder Mensch anders gestaltet. Deshalb funktionieren Filme auf der Basis von Romanen so selten. Jeder Mensch hat die eine Vorstellung, wie die Landschaft, die Menschen, die Wohnorte aus diesem Buch aussehen. Werden sie anders umgesetzt, ergibt das eine Reibung mit der eigenen Fantasie. Ein Film ist, so gesehen, eine vorgegebene Imagination, die wenig eigene Fantasie erfordert.

Spannend ist auch, dass wir die eigenen Bilder nie wirklich mit denen anderer abgleichen können, denn wer kann beurteilen, ob das Rot, das ich sehe, dem Rot entspricht, das jemand anderer sieht? Vielleicht ist sein Rot ja mein Grün? Wir alle sehen die Wirklichkeit immer individuell und subjektiv.

Wem nicht bewusst ist, dass er sowieso ständig imaginiert und seine Fantasie trainiert, fühlt sich schnell überfordert, sich etwas vorstellen zu müssen. Das erklärt vermutlich auch den zeitweisen Erfolg von totalitären Konzepten. Warum jubeln Menschen Diktatoren zu? Weil der Diktator vorgibt, etwas besser zu machen, und da reicht – für die Fantasie der Menschen – schon eine Ansammlung von Schlagworten. Er sagt, was man zu denken und zu fühlen hat, und tut so, als sei nun nicht mehr jeder einzelne Mensch für die eigenen Gedanken und Gefühle verantwortlich. Indem man Verantwortung abgibt und dafür auf Sicherheit hofft, erzeugt man natürlich eine weitere Imagination: die der Sicherheit.

In unseren Genen gibt es vermutlich eine Erinnerung an Geborgenheit, an das Gefühl tiefer Wohligkeit. Es mag im Lauf der Kindheit, des Lebens vielleicht verschwinden, doch die Sehnsucht bleibt. Wer diese Sehnsucht bedient, spielt mit der Imagination der Menschen, manipuliert sie. Deshalb ist es notwendig, Illusion und Vision unterscheiden zu lernen und die eigene Wirklichkeit zu erschaffen, die Lebensfreude und Glück möglich macht.

Die Macht der Wirklichkeit

Die eigene Wirklichkeit immer wieder zu überprüfen, zu erforschen, ob sich das, was als Wirklichkeit präsentiert wird, auch tatsächlich mit der eigenen Wahrnehmung deckt oder eben nicht – das ist das Wichtigste auf dem Weg zum eigenen Lebensentwurf, zur Gestaltung des Alltags und der Zukunft. Die Ebenen der Wirklichkeit kennenzulernen, die das alltägliche physische Leben nähren und lehren, und aus diesen Ebenen zu schöpfen ist die Kunst des Lebens.

Man kann das Leben »hinnehmen«, also einfach alles so nehmen, wie es kommt, und sich darin fügen und unterwerfen. Interessanter ist natürlich, das Leben selbst zu gestalten und sich aktiv zu entscheiden, was darin vorkommen soll und was nicht. Wer nur wartet, dass das Wunderbare geschieht, kann Glück haben, doch womöglich ereignet sich nur das Unerwünschte, und es bleibt nur noch die Energie, um zu jammern und zu klagen. Das Wunderbare in allen Ebenen der Wirklichkeit zu locken und zu rufen – das ist die essenzielle Kraft der Imagination.

Wie oft hören wir: »So ist es. Das sind die Fakten. Das sind Tatsachen, an denen kommen wir nicht vorbei. Der Rest ist Fiktion. Verschwörungstheorie!« So wird uns die Wirklichkeit gern präsentiert, und wir halten uns mehr oder weniger daran, weil alles andere ein bisschen bedrohlich ist. Was wäre denn, wenn unsere wildesten Fantasien und Ängste wahr wären, wenn es Bedrohungen gäbe, die unsere schlimmsten Albträume wahr machten? An die täglichen Schrecken haben wir uns gewöhnt, wir drängen sie zurück und tun so, als hätten sie gar nichts mit uns zu tun. Wir tun das, weil wir uns an das im wahrsten Sinn des Wortes herr-schende Wirklichkeitsmodell halten. In dieser Wirklichkeit ist nur wirklich, was greifbar, sichtbar, schmeckbar, fühlbar ist. Zumindest empfinden wir uns als bodenständig und realistisch, wenn wir das, was als Wirklichkeit präsentiert wird, glauben und damit im Einklang leben. Erleichtert nehmen wir zur Kenntnis, dass ein Skandal aufgedeckt, Kernkraftwerke abgeschaltet, ein Waffenstillstand irgendwo ausgerufen wird. Doch muss uns immer klar sein, dass diese Art von Wirklichkeitspräsentation natürlich Imagination ist.

Als es in Tschernobyl zur Kernschmelze kam, war das größte Problem für die Regierungen, dass es (noch) keine gemeinsame Sprachregelung gab. Beschreibungen des Unglücks, der möglichen Folgen, der Toten, der Verseuchung von Luft, Erde und Wasser erreichten weltweit die Medien und verstörten die Menschen.

Beim Tsunami in Fukushima und der darauffolgenden Kernschmelze im dortigen Atomkraftwerk hatte man schon ein wenig dazugelernt. Die Gefahr wurde heruntergespielt und zu einem nationalen japanischen Problem verharmlost: »Die bekommen das nicht in den Griff, die Menschen dort müssen ihre Häuser verlassen«, »das Land – nur dort natürlich – ist verseucht«. Dass die Erde rund ist und alles, was irgendwo geschieht, deshalb irgendwann überall ankommt, wird nur von »ideologischen Umweltschützern« erwähnt. Die Grünen, die NaturschützerInnen, die »hysterischen Mütter«, die »Ökos« ... wenn es um die Wahrung von Privilegien der Industrie, wenn es um Profite geht, werden Menschen, die sich um die Erde, um die Menschen Sorgen machen, schnell diffamiert. Und all das spielt sich natürlich auch in der Fantasie, in der Imagination ab. Wir sind darauf angewiesen, Fakten und Informationen zu bekommen, mit denen wir dann unser Wirklichkeitskonzept konstruieren.

Um beim Beispiel eines Atomunfalls zu bleiben: Wie irritierend ist es für besorgte, umweltbewusste Menschen, zu erfahren, dass es in unmittelbarer Nähe des havarierten Kraftwerks von Tschernobyl Menschen gibt, die sich geweigert hatten, ihr Haus zu verlassen, die dort friedlich in einer neuen Art von Wildnis leben, in der es auch Wölfe, Füchse, Rotwild, Bienen und unvorstellbar viele Vögel gibt! Diese wenigen Menschen, die durchaus gesund und munter sind, werden gelegentlich von BesucherInnen in Schutzkleidung aufgesucht. Zwei Wirklichkeiten: Die eine ist bewohnt von Menschen, die der Überzeugung sind, dass ihnen die nukleare Verseuchung nichts anhaben kann, die andere Wirklichkeitsebene ist bevölkert von Menschen, die um die Gefahr, Folgen für die Gesundheit und die Schädigung des Erbguts der Betroffenen wissen. In einer Wirklichkeitsebene findet die Gefahr statt, in einer anderen gibt es Lebenskraft, Austausch mit anderen Lebewesen und Lebenslust. Heißt das jetzt, dass eine Wirklichkeitsebene »wahr« ist und die andere nicht? Dass jede wahr ist? Kann man sagen, dass alle Menschen in der Nähe von havarierten Kernkraftwerken leben können? Immerhin sind viele Menschen nach dem Unglück gestorben, leiden heute noch an Folgeschäden, erkranken an Krebs. Heißt es, dass man immer die Gefahr im Hinterkopf haben und sich schützen muss? Ist alles eine Frage der Imagination? Müssen wir vielleicht anerkennen, dass tatsächlich jeder Mensch sein eigenes Wirklichkeitsmodell erschafft und lebt und abgesehen von ein paar allgemeinen Wahrheiten jeder Mensch auch seine eigene Wahrheit entwickelt?

Wenn in meiner Imagination die Welt ein wunderbarer, vielfältiger, vielfarbiger Lebensraum ist, will ich mir vielleicht nicht Gefahren vor Augen führen lassen oder einreden lassen, die mich in Angst und Schrecken versetzen. Habe ich nun recht damit, keine Angst zu haben, oder ist es leichtsinnig?

Die eigene Wahrnehmung von Wahrheit und Wirklichkeit muss immer wieder mit anderen Wirklichkeitsmodellen abgeglichen werden. Ich lebe ja nicht nur in meiner Welt, und die Wirklichkeit der anderen Menschen überschneidet sich mit meiner. Deshalb braucht es schon auch immer die kleinen Korrekturen, die das eigene Bild anderen Wirklichkeitsmodellen anpassen.

Ist die Welt der Menschen ein gefährlicher Lebensraum? Vielleicht. Kommt es darauf an, wo man sich gerade befindet? Oder ist der Lebensraum nicht vielleicht doch eine Wirklichkeit mit vielen Ebenen, die zum größten Teil in der Fantasie, in der Imagination entstehen?

Auffallend ist, dass die Medien hauptsächlich Nachrichten von Unglücken, Kriegen, Katastrophen bringen. Ein Flugzeugabsturz, Waldbrände, Mordfälle – so gemein es klingt, sie sind Glücksfälle für Zeitungen, Zeitschriften, Fernsehen. Die Imagination der meisten Menschen erschöpft sich in der Vorstellung der Schrecken. Die damit verbundene gruselige Wohligkeit lässt sich eigentlich nur damit erklären, dass man selbst nicht betroffen ist und aus sicherer Distanz den Schrecken betrachten kann – auch eine Imaginationsleistung.

Dann gibt es immer wieder Berichte von Menschen, die bei einem Unglücksfall oder einem Anschlag mutig eingriffen, Schlimmes verhinderten. Da läuft die Fantasie auf Hochtouren: Wir erträumen jetzt das Happy End, freuen uns über den guten Ausgang. Tatsache ist aber, dass wir von Worten geführt und gesteuert werden, dass Worte Gefühle auslösen und wir von Worten ausgelöst körperliche Reaktionen produzieren: lachen, weinen, der Magen verkrampft sich, die Muskeln versteifen, der Atem wird angehalten.

Wer unsere Fantasie in den Griff bekommt, hat Macht über uns. Wer Macht über Menschen gewinnen will, muss es schaffen, die Imagination zu überwältigen, die Fantasiebilder vorzugeben, mit Worten Gefühle auszulösen.

Wie können wir uns aus dieser Art von Manipulation befreien? Indem wir die manifestierten Gefühle und Reaktionen überprüfen. Im Alltag übernimmt oft die Gewohnheit, wir nehmen das, was auf uns einwirkt, nicht mehr so genau wahr. Zwar können wir nicht ständig hellwach und aufmerksam auf alles reagieren und alles in uns aufnehmen, doch wenn die Einflüsse von außen uns bedrängen, unser Verhalten bestimmen und wir nicht mehr so richtig verstehen, was mit uns geschieht, ist es gut, innezuhalten und sich eine Situation so genau wie möglich vor Augen zu führen.

Warum freue ich mich jetzt? Warum beschleicht mich ein Gefühl der Angst? Wovor fürchte ich mich? Was weiß ich wirklich über dieses Ereignis, ich war ja nicht dabei? Warum betrifft es mich? Warum färbe ich es in meiner Fantasie ein und erweitere es durch neue Möglichkeiten der Beunruhigung?

Gerade Frauen werden durch Horrorberichte über Vergewaltigung, Überfälle, Menschenhandel, Folter in einer Art Choreografie des Schreckens gefangen genommen. Wahr ist, dass all diese Schreckensnachrichten auf Ereignissen beruhen. Wahr ist aber auch, dass eine Frau, die sich darüber aufregt, die dadurch beunruhigt wird, das Geschehene nicht ändern kann, zugleich jedoch ihre eigene körperliche und spirituelle

Verfassung untergräbt. Der Schrecken manifestiert sich in Angst.

Ich reiste viele Jahre lang mit öffentlichen Verkehrsmitteln, also den sogenannten »Buschtaxis« durch Westafrika. Immer wieder wurde ich gefragt, ob ich keine Angst hätte, immer wieder wurde mir gerade von Menschen, die noch nie in Afrika waren, erzählt, wie gefährlich es da sei – vor allem für Frauen. Ich reiste sorglos. Wenn ich keine Lust hatte, meine Tasche mit mir herumzutragen, gab ich sie einer Marktfrau zur Aufbewahrung und bekam sie auch wieder. Wenn mich ein Mann blöd anmachte, schimpfte ich ihn. Im Großen und Ganzen lachte ich viel, tanzte mit den Menschen, schützte mich praktisch nicht, und mir geschah auch nichts.

zwischen Himmel und Erde

zwischen Tag und Nacht

tut sich ein Spalt auf in eine andere Wirklichkeit

eine Fledermaus

fliegt hinüber herüber

die Zikade singt den roten Faden

ich gehe verloren und finde mich wieder

ich weide meine Gedankenherden

in der jenseitigen Stille stolpert mein Hirn

Die Traumzeit

Von Anbeginn der Menschheitsgeschichte spielt die Traumzeit in fast allen Stammeskulturen dieser Erde eine entscheidende Rolle. Womöglich war sie sogar in der Frühzeit bedeutender und einflussreicher im täglichen Leben der Menschen als Nahrungssuche, Schutz, Fortpflanzung, Wanderung. Höhlenmalereien aus Eiszeit und Steinzeit, die Errichtung von Megalith-Stätten, also Monumenten aus großen Steinen, und die Herstellung kleiner Kultobjekte aus Stein, Bein und Keramik zeigen, dass viel Zeit, Energie und Kraft in die Erschaffung dieser symbolhaften abstrakten Zeugnisse investiert wurde, mehr Energie vielleicht als in Tätigkeiten, die das Überleben sicherten.

Anhand der Kunst, die aus der Steinzeit und Eiszeit überliefert ist, können wir davon ausgehen, dass die Organisation des Lebens hauptsächlich in der Traumzeit stattfand, dass alle Geschehnisse der physischen Welt in der Traumzeit vorbereitet, mit den Geistwesen gerufen und gefeiert und auch dort verabschiedet wurden.

Bis heute ist es so, dass Menschen, die eine Vision haben und diese konsequent in der Imagination, im Visualisieren entwickeln, meistens erfolgreicher sind als andere, die einfach nur fleißig und zuverlässig sind.

Die Traumzeit ist bei den noch überlebenden Urkulturen wie den Aborigines Australiens bis heute die dominierende Wirklichkeitsebene, in der alles vorbereitet, gerufen, gestaltet wird. Die Traumzeit hat nichts mit der Flucht in schöne Träume und der Ablehnung der physischen Wirklichkeit zu tun. Sie wird mit konzentrierter Aufmerksamkeit bei gleichzeitiger körperlicher Entspannung aufgesucht. Mit der Öffnung aller Wahrnehmungsanlegestellen, dem Eintauchen in die Gleichzeitigkeit von allem oder eben auch in die Zeitlosigkeit ist die Traumzeit die Wirklichkeit aller Möglichkeiten des Abtauchens aus den künstlich geschaffenen Einbindungen, Grenzen und Vorschriften ins freie Fließen der Impulse, dorthin, wo Wirklichkeitsebenen geformt werden, wo aus Traumzeit Gestalt wird.

Das gängige Realismuskonzept der Neuzeit hat uns scheinbar vom Aberglauben befreit und uns eine »gesunde« Vorstellung der Realität präsentiert. Die Wirklichkeit, die wir wahrnehmen wollen, müssen, sollen, ist die einzig mögliche, weil sie täglich immer wieder behauptet, eingetrichtert, erneuert wird.

Was auf der Welt geschieht, ist angeblich genau so, wie es uns Medien, Wissenschaftler, Politiker vorsagen.

Alles andere ist unwahrscheinlich und deshalb auch nicht wirklich. Spirituelle Traditionen haben allerdings seit Menschengedenken versucht, die Wirklichkeit jenseits der offensichtlichen Erscheinungsformen aufzuspüren und Vernetzungen in anderen Ebenen zu entdecken.

Ein Weg in diese andere Wahrnehmung ist die Trance, die durch monotone Bewegungen oder Gesänge entsteht und die körperlich wahrnehmbare Wirklichkeit durch die Erscheinungsform der anderen Wirklichkeitsebenen erweitert. Die Monotonie der Bewegungen, der Musik, der durch Trommel oder Rassel, Steineklickern oder Stöckeschlagen, durch Gesang oder gesprochene Mantren erzeugten Rhythmen lässt den Geist aus dem Gedanken-Hamsterrad herausfallen und schafft eine Art schläfrige Wachheit, Trance genannt, in der anders wahrgenommen wird als im hellwachen Alltagszustand. Während der Körper durchaus gleichmäßige Bewegungen vollführt, sinkt der Geist in eine Zwischenwelt, in eine Art kosmische Haltestelle, von der viele Wege, viele Möglichkeiten abgehen.

Während das Wachbewusstsein zurücksinkt, scheint sich das Trancebewusstsein zu vervielfältigen und gleichzeitig überall zu sein. Es nimmt von überall Bilder, Impulse, Erinnerungen auf und spielt damit, ohne die Eindrücke zu ordnen. Sie tanzen unkontrolliert durchs Hirnuniversum und lassen sich kaleidoskopartig zu immer neuen Bildfolgen zusammentreiben und wieder lösen.

Der rote Faden durch dieses Tranceuniversum ist in spirituellen Kulturen eine Art übergeordnete geistige Vorprogrammierung. Schamanische Kulturen nennen sie Schamaninnenmutter, Hilfsgeister, Helferwesen, Göttinnen, Götter – eine Urkraft, die jedem Lebewesen innewohnt, die zum Schwingen kommt, wenn die eindimensionale Wahrnehmung aufgegeben und die Verbindung zur universellen Einheit von allem hergestellt wird, also wenn wir in die Vieldimensionalität der Traumzeit sinken.

Das Ritual wird zur Neuschöpfung der Wirklichkeit. Im Ritual wird durch Rufen, Singen, Tanzen die Vieldimensionalität der Möglichkeiten gerufen, manifestiert und umgesetzt. Das Ritual schließt das Bewältigen der Aufgaben und Probleme nicht aus, sondern gestaltet die Facetten dieser Alltagsrealität neu.

In der Trance, im Zustand hoch konzentrierter Schläfrigkeit, die die festen Strukturen auflöst und neue Impulse einlässt, lösen sich scheinbar eherne Wahrheiten auf und lassen Visionen auftauchen, die dann eben umgesetzt werden. Oder nicht.

Im Ritual, in der Trance spricht das Feuer zu mir durch Knistern und Knallen und das unermüdliche Erzeugen von Bildern und Formen. Das Wasser umspielt meine Wahrnehmung mit Wellen und Geräuschen, die Luft bewegt sich zu meinem Gesang und schenkt mir Düfte. Die Erde hält mich zuverlässig und nährend. Oft entsteht so gerade in einer Krisensituation eine begeisterte, geniale, also von Genien, von Geistern getragene Verbindung.

Sind wir wirklich dann am schwächsten, wenn wir nicht weiterwissen? Oder ist es vielleicht so, dass wir uns öffnen, weil wir nicht weiterwissen? Plötzlich verzichten wir auf zementierte Glaubensvorstellungen, weil wir merken, dass sie uns gar nicht weiterbringen. Das führt zu neuen Erfahrungen und Erkenntnissen, die uns tatsächlich stärker machen.

Im Märchen führt die Krise über die Schwelle in eine neue Seinsform. Die Krise anzunehmen und darin die Chance einer Veränderung zu erkennen, auch die Chance, mit Wesen in Kontakt zu kommen, die auf ganz anderen als den körperlichen Ebenen agieren und deshalb ganz andere Möglichkeiten zur Lösung eines Problems haben, ist in allen magischen und schamanischen Traditionen entscheidend.

Dabei gibt es natürlich keine Garantie für ein Gelingen. Wer für eine Hexe drei Aufgaben erledigt, kann scheitern und untergehen. Wer sich ins Geisterschloss wagt, wird nicht unbedingt belohnt. Doch sind Hexe und Geisterschloss ja auch Symbole für Prüfungen in der Diesseitswelt, für die neue Berufstätigkeit vielleicht oder ein Vorstellungsgespräch, für Aufgaben, die wir im alltäglichen Leben bewältigen müssen.

Wir glauben immer noch, wer gut informiert, wer gut vorbereitet und sachlich an ein Problem herangeht, bewältigt es auch. Doch die Praxis lehrt uns seit Jahrtausenden das Gegenteil. Tüchtige Menschen können scheitern, obwohl sie alles getan haben, um Erfolg zu haben.

Dagegen geschehen immer wieder die sogenannten Wunder: Da wird die Maria oder eine Göttin gerufen, und das Unmögliche geschieht. Eine beinah tödliche Situation löst sich allein dadurch, dass die betroffene Person eine so starke Einbildungskraft hat wie bei dem Flugzeugabsturz von Diyarbakir in der Türkei vor Jahren. Viele Passagiere und das Flugpersonal starben. Eine der fünf Überlebenden war eine ältere Frau. Sie war auf dem Weg zu ihrer Tochter, die ihr erstes Kind gebären sollte. Sie sagte nur: »Ich musste überleben. Meine Tochter brauchte mich.«

Es zeigt sich, dass eine gute Ein-Bildungskraft womöglich besser ist als eine wie auch immer geartete Aus-Bildung.

Die Wunschzettel in den Wallfahrtskirchen und Kapellen veranschaulichen, dass der Glaube an die Wirksamkeit der Hilfe aus anderen Wirklichkeitsebenen bis heute ungebrochen ist. Auf Frauenchiemsee, der Insel im bayrischen Chiemsee, gibt es im Münster des Klosters Frauenwörth hinter dem Altar unzählige Bitten an die selige Irmengard, die dort um 850 nach unserer Zeitrechnung als (sehr junge) Äbtissin wirkte, viele Menschen heilte und den Armen half. Sie war so beliebt, dass ihr Ruf bis heute ungebrochen ist und viele Menschen davon überzeugt sind, auch aus der anderen Welt von ihr Hilfe zu bekommen.

Dass in der rationalen Welt die mystische Welt, die Wirklichkeitsebenen der Imagination als »Aberglaube« verurteilt werden, ist den Menschen überall rund um den Globus egal. Sie rufen weiterhin ihre Geister, ihre Göttinnen und Götter, ihre Helferwesen an, um Hilfe zu erlangen.

Die eigentliche Überraschung ist, dass auch die rationale Welt vollkommen von Imagination abhängt. Börsenspekulationen basieren auf der Vorstellung, dass bestimmte Aktien steigen oder fallen werden. Und obwohl sie Produkte der Fantasie sind, wirken sie auf das

Leben von Menschen ein, können Existenzen vernichten oder wenigen sehr viel Geld bringen.

Auch die Kunst ist vollständig von der Imagination und der Fähigkeit, sie umzusetzen, abhängig. Beim Verkauf von Bildern spielt der Mythos, der den Künstler oder die Künstlerin umgibt, eine größere Rolle als die Qualität der Werke.

Wir alle bauen unser Leben auf Imagination, Fantasie und Mythos auf, doch die meisten Menschen sind sich dessen gar nicht bewusst. Sie glauben, rational zu handeln, und gehen doch jenen in die Falle, die Sehnsüchte, Wünsche, Glaubensvorstellungen geschickt zu ihrem Vorteil zu nutzen wissen.

In der Traumzeit verbinden wir uns mit dem Un-Sichtbaren, dem Un-Möglichen, mit dem Nicht-Verkörperten, mit den Wesen, die wir nicht kennen. In der physischen Welt halten wir nur für möglich, was sich verkörpert und manifestiert. Doch ist die Welt ja nur ein Bruchteil von allem, und es ist naiv zu glauben, dass nur existiert, was sich in diesem Bruchteil des Universums manifestiert.

Wenn etwas geschieht, was wir nicht erwartet haben, was noch nie geschehen ist, was die Wissenschaft für unmöglich hält, dann sprechen wir gern von einem Wunder. Doch haben wir eigentlich keine Ahnung, was in den vielen Ebenen der Wirklichkeit des Universums möglich ist, weil wir ja das Universum in seiner ganzen Dimension gar nicht kennen.

Dorthin zieht es MystikerInnen, SchamanInnen, ZauberInnen, in die Weite der universellen Seinsebenen, in denen alles möglich, alles schon da ist.

Ich traf eine Frau, die mit ihren Engeln lebte und sprach. Sie hatte wenig Geld, und für Außenstehende war sie eine arme Frau, die am unteren Rand der Gesellschaft lebte. Doch sie war glücklich, ihre Engel schienen ihr karges Leben in Fülle zu wandeln. Mir fiel auf, dass sie eine Frau war, die tief atmete, die mit dem Atem Freude aufnahm und sich überhaupt nicht als arm empfand.

»Die macht sich doch was vor«, sagte eine Frau, die sie kannte.

»Gut vorgemacht!«, antwortete ich.

In einer Welt zu leben, in der Engel den Alltag erleichtern – ist das nicht der Hauptgewinn?

Hilfe aus anderen Ebenen der Wirklichkeit

Wir können davon ausgehen, dass die Wirklichkeit, wie wir sie kennen, nur ein Fragment dessen ist, was sich an Seinsformen, an Projektionen und Bildern, an Erscheinungen und Manifestationen überall im Universum zeigt. Unsere Wahrnehmungsorgane sind begrenzt, und noch begrenzter ist unsere Erlaubnis, wahrzunehmen. Wir haben nicht das feine Gehör einer Katze, die Echolotfunktion einer Fledermaus, auch nicht den fantastischen Geruchssinn eines Hundes oder das dritte Auge auf dem Hinterkopf der Echse. Viele Impulse erkennen wir gar nicht, weil wir sie weder bewusst wahrnehmen noch einordnen könnten.

Nehmen wir etwas wahr, was es »nicht gibt«, von dem wir also überzeugt sind, dass es gar nicht existieren kann, verdrängen wir es, das Hirn stuft es oft als »nicht wirklich« ein und lässt es fallen.

In Alt-Delhi ging ich sehr früh am Morgen zum Markt. Auf der Straße lag in einer Art gestreiftem Schlafanzug ein Mann. Ohne Kopf. Bis heute ist es mir nicht möglich, diesen Mann als geköpften Mann zu sehen. Mein Hirn baut den danebenliegenden Kopf an den Körper. Nur so lässt es sich womöglich erklären, dass Menschen in totalitären Systemen das von ihnen sehr wohl wahrgenommene Unrecht einfach nicht wahrnehmen wollen und deshalb ausblenden, als sei es gar nicht wirklich.

Wie reagiert unser Hirn, wenn die Ansage eine andere ist als die physische Realität? In einer solchen Situation befinden sich viele Familien. Kinder bekommen mit, was die Familie unter keinen Umständen nach außen zeigt. Gewalt in der Familie wird nicht benannt, innerhalb der Familie jedoch wahrgenommen und erlitten. Lügen müssen »unser Geheimnis« bleiben. Das wird zu einer Irritation, zu einer Störung, zu einem Trauma. Wenn wir es irgendwann im Leben schaffen, es aus der Tiefe zu holen, anzuschauen und bewusst loszulassen, bleibt es Teil der Lebenserfahrung, kann ohne Schrecken oder Schmerzen angeschaut und wieder abgelegt werden. Therapien helfen, die Ebenen des Schreckens zu entschärfen. Durch das Wiedererzählen des Schreckens und die allmähliche Veränderung der Gefühle dabei kann eine neue Ebene der Wirklichkeit wachsen, die zunächst eine Distanz zum Geschehen und mit der Zeit eine neue Wahrnehmung erzeugt.

Viele amerikanische Ureinwohner-Kinder, die von der weißen Verwaltung praktisch gekidnappt, in Internate gesteckt und mit dem Regelwerk des »weißen Mannes« gehirngewaschen wurden, erzählen als Erwachsene, wie sie sich der Realität entzogen, wie sie in die Welt ihrer Geister und Helferwesen geflüchtet sind und dort ihre Identität weiterlebten, während sie sich scheinbar an die weiße Kultur anpassten. Diese Öffnung hin zu anderen Wirklichkeitsebenen hat ihr Überleben gesichert.

Für eine Reportage bei den Lakota sprach ich mit einer älteren Frau, der sehr bewusst war, wie die Ureinwohner-Kultur zerstört worden war, und es dadurch für manche Menschen im Reservat unmöglich wurde, ein erfülltes, gutes Leben zu leben: Sie konnten es nur noch besoffen ertragen.

»Sie haben keinen Zugang zur Welt der Hilfsgeister mehr. Sie können ihre Gestalt nicht mehr wandeln«, sagte sie.

»Gestaltwandeln?« Ich fragte nach.

»Ja, in der alten Zeit waren die Formen nicht so festgelegt«, erzählte sie. »Der Übergang zwischen Menschen und Tieren war fließend.«

Das erinnerte mich an die Darstellungen der steinzeitlichen Kulthöhlen. Die Malereien und Gravuren an den Felswänden zeigen oft eine Menschengestalt mit Tierkopf oder einen Tierkörper mit menschlichem

Kopf. Kinder zeichnen oft »Fabelwesen«, wenn sie noch nicht durch Kindergarten oder Schule beigebracht bekamen, was wirklich ist und was nicht. Für Kinder ist es kein Widerspruch, in Fabelwelten und gleichzeitig in der von Erwachsenen organisierten Alltagswelt zu leben. Das Problem entsteht erst, wenn Erwachsene anfangen, die Kinder aus ihrer Traumzeitebene herauszuscheuchen, wenn Erzählungen als Lügen bezeichnet und die Kinder zur »Räson« gebracht werden sollen.

Die Zuwendung zur Welt der Geister war für frühe menschliche Kulturen offenbar selbstverständlich. Im Ritual nahmen die Menschen Kontakt zu den Geistwesen auf, und während sie tanzten, sangen, trommelten, rasselten und ihre Geister riefen, bearbeiteten sie Themen, die sie in der körperlichen Welt bekümmerten, belasteten oder bedrohten.

Für die Wissenschaft ist diese Wirklichkeitsebene nur akzeptabel, wenn sie von Kindern oder Stammeskulturen angesteuert wird. Erwachsene »rationale« Menschen dürfen sich auf diese Ebene nicht einlassen, weil das »abergläubisch« ist und »nicht wirklich existiert«. Ist das nicht ein interessanter Widerspruch in sich? Wie kann eine Wirklichkeit existieren, aber nur für bestimmte Menschen erlaubt sein?

Warum gibt es überhaupt Menschen, die sich mit Geistern, mit nicht körperlichen Wesen befassen? Die Antwort ist ganz einfach: Weil sie diesen Wesen auf irgendeine Weise begegnet sind und von ihnen Wissen und Hilfe bekommen.

In den sogenannten Stammeskulturen gibt es die Tradition, durch Rituale den Kontakt mit den Helferwesen aufzunehmen. Doch den gibt es natürlich in der Welt der sogenannten rationalen Menschen auch. Da wird eben ein Trick angewandt, um das »Irrationale« tragbar zu machen: die Religion. Gott oder Allah oder Jahve oder Tonkashila kann man ja auch nicht sehen, fühlen, riechen, schmecken oder hören. Die Gottesvorstellung ist, wenn wir der Wissenschaft folgen, eine ganz und gar irrationale. Weil sie jedoch in den Kulturen verankert ist, weil sie offizielle Treffpunkte hat (Kirchen, Tempel, Moscheen usw.), weil mit der Sehnsucht der Menschen auch ein gutes Geschäft gemacht wird, bleibt die Religion ein Teil der Wirklichkeit.

Wenn eine Frau die Jungfrau Maria um etwas bittet, dann hat sie nicht das Gefühl, in die Geisterwelt einzutauchen. Maria ist schließlich die Mutter Gottes – alles ganz real. Die Vision der drei Hirtenkinder in Fatima im vorletzten Jahr des Ersten Weltkrieges zeigt, dass es durchaus eine visionäre Form der Wirklichkeit gibt, die auch von den größten Skeptikern angenommen wird. Im Jubiläumsjahr 2017, als die Vision sich zum hundertsten Mal jährte, wurde die Statue der »Fatima«, der weißen Frau, wie die Kinder die Erscheinung aus dem Olivenbaum genannt hatten, in viele Orte Portugals getragen. An den Umzügen nahmen beileibe nicht nur Gläubige teil; und als der Papst schließlich nach Fatima kam, hingen die Menschen, die nicht nach Fatima pilgern konnten, an den Fernsehschirmen. In allen Restaurants und Cafés des Landes wurden tagelang die Geschichte der Hirtenkinder, der Mythos der weißen Frau und der Besuch des Papstes übertragen. Man könnte sagen: Die Existenz des Papstes beruht zu hundert Prozent auf einer mythischen Wirklichkeitsebene, die zu physischer Existenz, zu Macht und zu einem wirklich guten Geschäft wurde.

Selbst Stephen Hawking, der als Physiker das Universum und die Entstehung der Erde, der Sonne, der Milchstraße usw. erklären kann und sagt, da gäbe es kein Geheimnis, das sei alles wissenschaftlich nachvollziehbar, meint schließlich, dass man nicht wissen könne, ob da nicht doch eine göttliche Regie im Hintergrund agiere.

Die großen Religionen machen etwas zu Geld und Macht, was ihre Führer vielleicht gar nicht mehr spüren: die Anwesenheit nicht verkörperter Wesen, die uns lehren, uns helfen und beschenken.

Wie sind diese Wesen? Wer sind sie? Gibt es sie?

Wer mit ihnen in Verbindung steht, stellt sich diese Fragen gar nicht. Vielleicht ist es das, was wir »Intuition« nennen, was die lebendige Verbindung herstellt. Kommt die Ahnung nicht von der tiefen Verbindung zu den Ahnen und Ahninnen? Ist ein geistreicher Mensch nicht in Verbindung mit seinen Hilfsgeistern und davon be-geistert? Haben wir nicht alle schon erlebt, wie ein Baum, ein Tier, eine Pflanze auf uns reagiert und in tiefer Verbindung mit uns zu sein scheint? Wie etwas mit uns spricht, uns warnt, uns tröstet?

Für die weisen Frauen aller Zeiten und Kulturen ist das kein »Wunder«. Sie wissen um die Schnittstellen der Wirklichkeit. An Wegkreuzungen rufen sie die Göttin, auf Berggipfeln verbinden sie sich mit den Sternen, in Höhlen begegnen sie den Tiergeistern, und jetzt finden sie ihre Göttinnen und Helferwesen sogar im Internet. Es gibt keinen Ort auf dieser Welt, an dem die vielen Ebenen der Wirklichkeit nicht lebendig spürbar wären.

Im Alltag könnte das so aussehen, dass wir bei schweren Entscheidungen die Göttin Trivia rufen. Trivia ist ein Aspekt der Hekate, der mächtigen Göttin der Magie. Hekate wird bis heute in Sizilien zu Zauberritualen gerufen. Trivia steht, wie ihr Name sagt, für »drei Wege«, also drei Möglichkeiten. Sie wird auf Wegkreuzungen verehrt und gebeten, den besten Weg zu weisen.

Auch die weissagende Sibylle ist eine gute Beraterin. Um ihre Energie zu spüren, werden Harze und Kräuter angezündet und wird die Wohnung/der Raum ausgeräuchert, bevor sie in der Stille um Rat gebeten wird.

Und wer würde sich nicht an die Göttin Fortuna wenden wollen, die in aussichtslosen Lebensumständen womöglich die Wende und das Glück bringen kann. Dargestellt ist sie mit einem Füllhorn, das sie auszuschütten vermag.

Illusion, die mutlose Schwester der Vision

Die Illusion ist eine interessante Energie, weil sie vor allem da auftaucht, wo wir denken, es handle sich etwa um Fakten, um Wahrheit, um »die Wirklichkeit«. Die Illusion zeigt einen Wunsch, eine Sehnsucht auf, ohne die Energie zur Gestaltung zu erzeugen, während die Vision auf der Flamme der Energie immer weiter wächst, bis sie in die materielle Welt geholt werden kann.

Das illustriert ein Beispiel aus meinem Bekanntenkreis: Eine Frau verliebt sich in einen Mann, der sehr charmant ist, und beide sind sehr verliebt. Der Mann ist mit seiner Firma pleitegegangen. Er begeistert sie für ein neues Projekt. Er hat eine Vision, von der sie nichts weiß: Er will ihr Geld und sich damit absetzen. Sie hat eine Illusion: Gemeinsam mit ihm eine Firma aufbauen! Er schafft es, mit fantasievoller Sprache und geschickter Manipulation ihrer Hoffnungen und Sehnsüchte ihr gesamtes Erspartes zu ergaunern, und verschwindet. Sie begreift, dass ihre Vision keine Vision, sondern eine Illusion war.

Julia Butterfly Hill kletterte vor zwanzig Jahren auf

einen Mammutbaum, um diesen vor dem Fällen zu bewahren. Sie lebte zwei Jahre lang auf diesem Baum, um ihre Vision vom Schutz der Bäume in greifbare Wirklichkeit umzusetzen. Ob ihre Aktion erfolgreich war oder nicht, ist gar nicht der Punkt. Viele Menschen weltweit waren berührt und begannen nun ihrerseits, Bäume zu schützen und ihre Vision vom Bewahren und Behüten der Natur umzusetzen. Julia Butterfly Hill hat das Bewusstsein in die Welt getragen, dass Bäume unsere Freunde, unsere Verbündeten sind.

In ihrem Geist handelte so auch der junge Felix Finkbeiner, der mit neun Jahren beschloss, die Welt zu retten und Bäume zu pflanzen. Das war 2007. Heute hat er eine Stiftung, Plant for the Planet, die von Bayern aus seine Vision in die Welt trägt und von der UNO, von Prinz Albert von Monaco und vielen anderen unterstützt wird.

Die Vision ist womöglich die stärkste Kraft, die wir zur Verfügung haben. Ich weiß nicht, ob Tiere Visionen haben können, dazu kenne ich die mentale, spirituelle und geistige Welt von Tieren einfach zu wenig. Für Menschen jedenfalls ist die Vision die treibende Kraft für Neuschöpfungen, Veränderungen, Erfindungen.

Die Vision nährt sich komplett aus den anderen

Schichten der Wirklichkeit. Die physische Welt ist ja nur das sichtbare Ergebnis der bereits erfundenen, erträumten, erwünschten, visualisierten, imaginierten Ebenen.

Wer in einer anderen Wirklichkeit leben will, kann sie mit der kreativen Kraft der Vision gestalten. Doch wie entstehen Visionen?

Spannend finde ich, dass der erste Impuls einer Vision oft die Magie der Verhinderung ist. Denn wir sind alle Meister und Meisterinnen der Magie der Verhinderung: »Das wird doch nichts!« »Das hat keinen Sinn!« »Das kann ich nicht!« »Das geht doch nicht.«

Die Magie der Verhinderung ist eigentlich ein Werkzeug der Illusion. Indem ich das Erträumte, Gewünschte in Gedanken unmöglich mache, raube ich mir die Möglichkeit, den Weg der Vision zu gehen.

Oft reden auch andere Menschen begeisterten VisionärInnen ihre Träume aus. Visionen stören den reibungslosen Ablauf des oft zerstörerischen Alltags. Wer eine Vision hat, lässt sich nicht in eine sinnlose Tätigkeit einbinden, springt nicht ins Hamsterrad und verteidigt es. Die Vision trägt den Körper in die Bilder der anderen Welt.

In der Illusion wagen wir nicht, den ganzen Weg zu gehen. Wir träumen uns hierhin, dorthin und lassen dann alles wieder fallen. Es gleicht einer Wanderung, bei der an jeder Wegkreuzung Zweifel auftauchen, sodass man am Ende umkehrt, weil man nicht mehr weiß, was die Wanderung eigentlich sollte.

Wenn die Illusion die mutlose Schwester der Vision ist, so ist sie auch die trügerischste der visionären Möglichkeiten, denn sie lockt Menschen immer wieder in die Traumzeit, um immer wieder den Traum platzen zu lassen.

Ich kannte eine Frau, die einen afrikanischen Liebhaber hatte. Die beiden spannen an einer Vision: ein Hotel in der Nähe eines Künstlerdorfes bei der Hauptstadt Accra. Da kämen viele TouristInnen, Geld würde fließen. Der Liebhaber reiste nach Afrika, und die Frau träumte. Ab und zu schickte er Fotos von den Bauarbeiten. Die Frau schickte das Geld. Es gab den Traum – aber die Verwirklichung gab es nicht. Der Mann vertrank das Geld und stürzte ab, die Fotos waren Bilder von irgendwelchen Baustellen, es gab kein Hotel. Die Frau verzweifelte, weil ihr ganzes Geld weg war. Natürlich hätte sie auch die Chance darin sehen können: den Lernprozess, zwar war es ein teurer, doch ein exzellenter Lernprozess. Die Frau war noch jung, sie konnte noch lernen, aus der Illusion eine wirkliche

Vision zu gestalten, eine Vision, die in allen Schichten der Verwirklichung stimmig war. Sie konnte überprüfen, was an ihrem Traum nicht stimmte oder was eigentlich die Essenz ihres Wunsches war, und ihre Handlungen auf diese Essenz ausrichten. Sie wollte ein Haus, in dem Menschen zusammen Musik machen oder tanzen konnten. Sie wollte das mit einem Mann, mit ihrem Liebhaber durchführen. Wenn es mit diesem Mann nicht möglich war, so war es doch möglich, den Traum genauer anzuschauen und andere Möglichkeiten zu finden. Dass ein Projekt scheitert, heißt ja nicht, dass alles verloren ist. Sondern: Träum weiter und prüfe die Möglichkeiten der Verwirklichung genauer als zuvor!

Eine andere Frau, die ich kenne, war in einen Mann verliebt, von dem ihr alle abgeraten hatten, weil er unzuverlässig und ein Hallodri sei. Er versicherte ihr, sie zu lieben, und sie war glücklich. Er betrog sie, belog sie, und darauf angesprochen, sagte sie nur: »Das ist doch sein Problem. Ich bin glücklich.«

Gelungene Imagination!

Hildegard von Bingen war eine Frau, die um alle Dimensionen der Wirklichkeit wusste. Als Äbtissin wagte sie den Konflikt mit der Kirche, mit den Mächtigen dieser Kirche. Sie widersetzte sich den Regeln, als sie einen Mörder auf »heiligem« Boden begrub und auch auf Druck des Bischofs nicht preisgab, wo er lag. Sie hatte die Vision eines Frauenklosters, weil sie sich den Bischöfen, Äbten und Mönchen nicht unterwerfen wollte, und mithilfe ihrer spirituellen Begleitwesen bekam sie es auch.

Interessant ist hier die Vieldimensionalität des Begriffes »Gott«. Sie sagte, ihre Visionen kamen von Gott, viele Kirchenoberen hatten ein anderes, ein strengeres und klarer umrissenes Bild von dem, was Gott nur sein konnte, und bezweifelten, dass sie eine tiefere Verbindung zu diesem Gott haben könnte. Hildegard von Bingen entging mit knapper Not einer Anklage als Häretikerin.

Die Bedeutung dieser Frau liegt für mich weniger in ihren Rezepten und Ratschlägen als in ihrer starken Verbindung zu den Wesen der anderen Wirklichkeitsebenen, von denen sie Rat, Hilfe und spirituelle Nahrung bekam, mit denen sie ihre Vision erreichte.

Ein Visionär war auch Christoph Schlingensief. Er träumte von einem Operndorf in einem der ärmsten Länder der Welt, in Burkina Faso. Kurz vor seinem Tod begann er mit der Umsetzung seines Traums, den seine Frau Aino Laberentz sich zu eigen machte. Mithilfe des Architekten Djiébedo Francis Kéré entstand in Schlingensiefs Traumland, wie er es selbst nannte, ein Operndorf mit Schule und Krankenhaus für die Menschen, die dort leben. Gleichzeitig erfüllte auch der Architekt aus Burkina Faso seinen eigenen Traum: Bauten aus Materialien, die er im Land finden konnte, errichtet in einer Bauweise, die dem Klima und den ästhetischen Vorstellungen der Menschen am Ort entsprach.

An Schlingensiefs Vision wird deutlich, dass auch ein unwahrscheinlicher Plan, den viele bezweifeln und ablehnen, gelingen kann, wenn die Vision stark ist, selbst wenn sie sich im Lauf der Verwirklichung wandelt. Viele bezeichneten seine Vision als Illusion – Oper in einem afrikanischen Dorf, lächerlich. Doch ein starker Traum setzt sich eben gegen die Wahrscheinlichkeit und den Widerstand anderer durch. Heute ist dieses Operndorf ein architektonisches Juwel mit Schule, Konzertsaal, Wohnungen.

Eine Vision haben heißt jedoch nicht, dass man einfach »im Universum was bestellen kann«, wie viele Frauen so locker dahinsagen. Es geht nicht darum, die alltägliche Gier ins Spirituelle zu überhöhen: »Macht ja nichts, geht ja alles.« Nein, so geht es eben nicht, sondern darum, zu erkennen, dass es viele Wirklichkeitsebenen gibt, in denen ein Leben entworfen und erträumt werden kann. Nicht bestellt.

Die Krimischriftstellerin Agatha Christie sagte als achtjähriges Kind zu ihrer Kinderfrau: »Ich möchte Lady Agatha werden.«

»Das geht nicht«, sagte die Kinderfrau. »Dazu musst du adelig geboren sein.«

»Dann werde ich eben adelig«, antwortete die kleine Agatha.

Recht hatte sie. Denn sie wurde von Königin Elisabeth zu Lady Agatha geadelt.

An ihrer Lebensgeschichte kann man auch die Hindernisse erkennen, die oft auf dem visionären Weg liegen: Ihre Vision reichte für ihre Bücher, für die Erfüllung ihrer Träume, doch das Scheitern ihrer Ehe raubte ihr fast den Verstand. Es fehlte nicht viel und sie hätte sich umgebracht und damit ihre Lebensträume für immer beendet.

Auch die englische Schriftstellerin und Künstlerin Beatrix Potter ist ein gutes Beispiel dafür, was eine starke Visionskraft vermag. Aufgewachsen in einer strengen, großbürgerlichen viktorianischen Familie widmete sie sich hemmungslos ihren »Fantasie«-Wesen, die sie zeichnete, mit denen sie sprach und die ihre Freunde waren. Ihre Familie machte sich deshalb nicht wenige Sorgen, auch weil sie kaum »echte« Freunde, also Menschenfreunde, hatte. Doch Beatrix setzte sich durch, bot ihre Zeichnungen und Geschichten heimlich einem Verlag an und hatte unvorstellbaren Erfolg damit. Sie kaufte Häuser und Land und vermachte alles dem National Trust.

Für mich ist Beatrix Potter ein Beispiel dafür, wie man ganz bodenständig leben und dennoch Wesen in anderen Wirklichkeitsebenen als Freunde haben kann.

Interessant ist auch die Geschichte von Jeanne d'Arc – wie soll eine Frau mit einer Vision eine Armee führen und eine feindliche Armee besiegen können? Als das aufgrund ihrer starken Visionskraft gelungen war, hatte sie leider übersehen, dass die wahren Feinde jene waren, für die sie gekämpft hatte. Vision allein reicht nicht – wir müssen auch die Gefahren, Einbindungen und Möglichkeiten in der Welt, in der wir leben, richtig einschätzen können.

Mein Lebensthema ist die Frau, ihre Kraft, ihre Geschichte, ihre Erscheinungsformen. Meine Vision war schon immer, in einem geschützten Raum die weibliche Kraft zu leben, zu erforschen, zu wecken, auszudehnen. Alleinerziehend, freiberuflich arbeitend, hatte ich nie viel Geld, manchmal reichte es gerade fürs Essen und das Nötigste fürs Kind. Wenn ich Geld hatte, kaufte ich hie und da eine Frauenfigur, eine Göttin, eine alte Skulptur einer Frau. Anfangs standen einige Figuren auf der Kommode. Dann hatten die Figuren ein eigenes Zimmer. Die Vision: ein Göttinnenhaus, in dem die Figuren aus aller Welt und allen Zeiten Platz finden. Ein Ort der Verehrung des universell Weiblichen, ein Kraftort weiblicher Energie. In Fantasiereisen und Imaginationen spielte ich mit dieser Vision. Ein Haus, ebenerdig, ein großer Raum. Ein Ort für Göttinnen.

In der Ebene der Imagination, der Visualisierung lebte ich schon lange in diesem Haus. Ich schwebte hinein, ich sang und träumte darin. Seit zehn Jahren ist es in der Welt. Ich war zur richtigen Zeit am richtigen Ort. »Geführt«, sage ich.

Ich gehe hinein, ich singe und träume darin, ich zünde Kerzen für die vielen Göttinnen an, die sich darin aufhalten, und lasse neue Bilder, neue Träume aufsteigen.

Ich hab ein Paradies im Kopf
da wachsen wilde Blüten
mit allerhand Gemüse
Musik tönt aus den Bäumen
Felsen träumen

In meinem Paradies
gibt's wunderbare Düfte
die alle Wunden heilen
Wasser springt aus alten Steinen
hüllt mich ein

Das Paradies ist immer da
wie ein verborgnes Wunder
jenseits von irgendwo

Musik erklingt wenn ich sie will
dann ist's still
ganz still

Das Paradies kann ich
nach meinen Wünschen formen
so ist es auch nicht immer gleich
ich lade ein ich banne
ich locke und ich rufe
ich lass erscheinen und verschwinden
und alles löst sich auf

Das Paradies im Kopf
das will sich materialisieren
es will nach außen wachsen
will Gestalt annehmen
es findet hier ein Tier
dort eine Pflanze
und geht aufs Ganze

Es ist nie zu spät für eine glückliche Kindheit

In einer großen deutschen Tageszeitung las ich von einem Experiment: Wissenschaftler »befragten« Menschen, die sich für ein Experiment freiwillig gemeldet hatten, jedoch nicht wussten, worauf sie sich einließen. Diese Befragung hatte scheinbar Interesse an der Kindheit der Probanden. In Wirklichkeit manipulierten die Wissenschaftler jedoch die Kindheitserinnerungen, indem sie Ereignisse hinzufügten, und zwar so geschickt, dass die Versuchspersonen am Ende überzeugt waren, diese eingefügten Ereignisse seien tatsächlich passiert, und sie fingen an, diese auszuschmücken und mit eigenen Worten und »Erinnerungen« zu verdichten. Es gelang den Wissenschaftlern sogar, eine Versuchsperson durch geschicktes Nachfragen von »Erinnerungen« dazu zu bringen, dass sie glaubte, in der Kindheit etwas Kriminelles getan zu haben.

Die Wissenschaft nennt das »Überschreiben« der tatsächlichen Erinnerung und kommt zu dem Schluss, dass es möglich ist, Erlebtes erfolgreich zu manipulieren und anders zu »erinnern«, wie die *Süddeutsche Zeitung* dieses Experiment beschrieb. In einem Experiment brachten der Forscher Yi Zhong und seine MitarbeiterInnen Fruchtfliegen dazu, Erlebtes zu vergessen. Dieses Experiment wurde nun auch mit Menschen wiederholt und ihre Erinnerungen durch neue Bilder und Szenen »überschrieben«.

Das ist nicht weiter überraschend. Wir wissen, dass totalitäre Systeme Menschen so lange bearbeiten, bis die Gehirnwäsche eine erfolgreiche neue Gedankenwelt erschaffen hat, die mit dem System konform geht.

Der Film »Men in Black« gestaltet die Sache einfacher: Wer all die Aliens und Fabelwesen tatsächlich gesehen hat, wird von den Men in Black mit einem »Neutralizer« einfach dieser Erinnerung beraubt. Danach wird ihnen erzählt, dass sie gerade Zeugen eines Brandes oder einer Explosion waren. Ende der Geschichte. Es bleibt wohl eine vage Erinnerung an etwas zurück, das sich nicht mehr wirklich fassen lässt. Was war es doch gleich?

Dieser Neutralizer, der im Film verwendet wird, symbolisiert das Auslöschen der Erinnerung durch neuronale Veränderungen im Hirn. Zwar ist »Men in Black« ein Science-Fiction-Film, und Neutralizer gibt es wahrscheinlich noch nicht, doch wissen wir, dass alles, was gedacht, erzählt, erfunden wurde, bald auch in der physischen Realität Platz nimmt.

In gewisser Weise erleben wir alle diese Überschreibung. Wir erinnern uns nicht restlos oder vielleicht gar nicht an die Kindheit, sind auf Erzählungen anderer und Fotos angewiesen, und während wir die Geschichten hören, die Bilder anschauen, bilden wir eine Art Erinnerung, etwas, das uns überzeugt und deshalb auch gespeichert wird. Manchmal gibt es diese unerklärlichen Gefühle zu Bildern, zu Worten, zu Gerüchen oder Musik. Etwas will sich zeigen, ist jedoch nicht stark genug, um aus der Tiefe des Hirnarchivs aufzusteigen. Das kann beunruhigend sein. Eine unbestimmte Angst ist wesentlich schlimmer als Angst vor etwas Bekanntem wie Gewitter oder unmittelbare Bedrohung. Vage Erinnerung an Gefahr lässt Angst aufsteigen, mit der wir nicht umgehen, die wir – scheinbar – nicht entkräften können. Tatsächlich lässt sich dieses unbestimmte Gefühl natürlich auch überschreiben. In Selbstverteidigungskursen lernen Frauen, mittels Stimme und Körperhaltung das undefinierte Angstgefühl durch Frechheit, Wildheit, lautes Schreien zu wandeln. Die Gefahrensituation mag sich dadurch noch nicht verändert haben, doch die Energie der Frau ist eine andere, sie kann mit dieser Situation dann anders umgehen.

Vor einem Workshop rief mich eine Frau an und fragte: »Kann ich zu viert kommen?«

Ich sagte: »Also du und drei Freundinnen.«

Sie: »Nein, ich bin vier.«

Das verstand ich zunächst nicht. Ich hatte natürlich schon davon gehört und gelesen, dass manche Menschen viele Persönlichkeiten in sich tragen und ausleben, war jedoch noch nie einer solchen Person begegnet. Ich war ein bisschen ratlos.

Dann sagte ich: »Wenn du für alle vier zahlst, kannst du zu viert kommen. Wenn du nur für eine zahlst, kann jeden Tag nur eine da sein.«

Damit war sie zufrieden. Sie stellte sich der Gruppe vor, beschrieb kurz ihre multiple Persönlichkeit, alle waren fasziniert und damit zufrieden. Am nächsten Tag kam eine, die wir nicht kannten. Niemand erkannte sie. Sie trat sehr forsch und entschlossen auf, machte sich über die Dekoration im Raum lustig und sagte dann sogar, die Frauen sollten sie nicht so blöd anglotzen. Erst als sie sagte, sie sei »heute dran«, dämmerte es mir, dass es dieselbe Frau war, die gestern freundlich, schüchtern, weich, warmherzig aufgetreten war. Sogar ihre Physis hatte sich irgendwie verändert.

Ich dachte an Woody Allens Film »Zelig«, in dem die Hauptperson sich stets in die Person verwandelt, von der sie gerade fasziniert ist. In einem Film kann man so etwas akzeptieren, doch in der Wirklichkeit des alltäglichen Lebens schockiert so eine Verwandlung. Weil wir es gewöhnt sind, die Wirklichkeit so zu sehen, wie sie uns »erklärt« und »präsentiert« wurde.

Auch in der Kindheit laufen natürlich viele Manipulationsprogramme ab, wir werden »auf Linie« getrimmt. Die Eltern versuchen meistens, die Kinder dahin zu formen, wo sie sie haben wollen, und wenn wir erwachsen sind, erinnern wir uns leider nicht an all die kleinen Befehle, die eingegeben wurden. Wir erinnern uns vielleicht nicht daran, dass die Eltern uns tollpatschig, dumm oder Trampel genannt haben, die tiefe Erinnerung bleibt jedoch im Körper. Deshalb ist eine Überschreibung so wunderbar: Wenn ich mir sage, dass ich genau richtig bin, wie ich bin, hat der alte Befehl keine Macht mehr über mich.

Ein weiteres Manipulationsprogramm ist Hypnose. Heute wird sie in der Zahnmedizin und sogar bei Operationen manchmal erfolgreich eingesetzt. Das ist die schöne Seite der Hypnose. Die schreckliche ist, dass wir natürlich nicht wissen, was in diesem Zustand der tiefen Entspannung, der Trance, mit uns geschieht, was uns gesagt wird, was »eingeschrieben« wird und sich natürlich dann auch re-aktivieren lässt.

Doch so problematisch Hypnose auch sein kann –

die Beeinflussung im Alltag ist wohl noch viel problematischer. Die Anpassung an Lebensvorstellungen, die Suggestion der Werbung, was wir alles brauchen, was wir uns »wünschen«, was uns »helfen« soll, was unbedingt nötig ist, um ein gutes Leben zu führen. Dem können wir doch genauso gut unsere eigenen Wünsche und Träume entgegensetzen und uns die Zeit nehmen, herauszufinden, was uns wirklich glücklich macht.

Können wir diese Manipulationen, diese Einprägungen in unser Hirn, wandeln oder löschen, ohne genau zu wissen, was da alles eingegeben wurde? Ja. Wir können tatsächlich unangenehme, bedrohliche Botschaften aus dem tiefen Inneren überschreiben. Wir können Bilder drüberlegen, starke Worte als Mantra immer wieder laut sprechen, singen, flüstern, und wir können lachen.

Die wohl erfolgreichste Überschreibung von wabernden Fetzen von Erinnerung ist das Lachen. Lachend verlieren Bedrohungen ihre Wirkung. Lachend wird die schlimme Erinnerung lächerlich.

Ich gehe manchmal auf Visionspfad: Ich sehe eine Autonummer, die Buchstaben, die Zahlen und mache aus den Buchstaben Worte, die mir gerade gut passen, zähle die Zahlen zusammen, bis nur noch eine Ziffer übrig bleibt, und diese Ziffer zusammen mit den starken Worten ist dann das neue Bild, das sich in meinem Hirn einprägt. Nächstes Auto, nächste Autonummer und wieder: Worte, Quersumme der Zahlen. Daraus ein Orakel erfunden und eingespeichert.

Das Orakel:

Ich stelle keine Frage. Ich sehe ein Nummernschild, mache die Quersumme der Zahl, also zähle die Ziffern zusammen, bis nur eine Ziffer übrig bleibt. Diese Zahl gleiche ich mit der Zahlensymbolik ab und gebe mir einen Zauberspruch dazu, also zum Beispiel:

1. Alles ist da, alles ist möglich.
2. Ich muss eine zweite Meinung einholen.
3. Etwas kommt in Bewegung.
4. Eine Struktur, eine Ordnung muss her.
5. Was ist die Quintessenz meiner Frage, worum geht's wirklich?
6. Etwas kann geheilt und in Einklang gebracht werden.
7. Ich habe ein Rätsel zu lösen.
8. Ich habe genug Kraft und Autorität.
9. Alles ist gut, erfüllt und reif.

Jetzt gleiche ich das gefundene Orakel spielerisch mit meiner Lebenssituation ab. So spinne ich mir die Visionen in ein tragbares Gewebe.

Und immer so weiter, bis ich keine Lust mehr habe und natürlich auch lachen muss, weil so verrückte Sachen dabei herauskommen. Es hat etwas von einer Geheimsprache. Ich murmle das Ergebnis vor mich hin, bin in einer anderen Ebene, in der Traumzeit, im geheimnisvollen Raum, in dem alles geformt, neu erfunden und in die körperliche Wirklichkeit geholt wird.

Mein Vater war der Albtraum meiner Kindheit, gewalttätig, übergriffig. Als ich erwachsen war, löste ich mein Problem mit ihm so: Mit einer Rassel ging ich in Trance, rasselnd stellte ich mir vor, dass ich ihn mit einer magischen silbernen Schnur umwickelte, bis er sich nicht mehr rühren konnte. Dann sagte ich ihm alles, was ich zu sagen hatte, und erwähnte auch, dass ich verstand, wie er mit einem gewalttätigen Stiefvater und Kriegsverletzungen so geworden war. Doch verzieh ich ihm nicht, sondern verurteilte ihn dazu, mit dieser Last zu leben, dass er uns Gewalt angetan hatte.

Als ich noch ein Kind war, »überschrieb« ich die reale Erfahrung mit ihm, indem ich behauptete, mein Vater habe ein Zimmer voll mit Geld. Spannend finde ich, dass wir Kinder tatsächlich eine hübsche Menge Geld von ihm erbten, als er starb. Die Überschreibung manifestierte sich also später von selbst.

Viele Kinder machen das: Sie gestalten die unerträgliche Wirklichkeit um. Erwachsene sagen dann, dass diese Kinder lügen. In Wahrheit legen sie einfach neue Bilder über das Unerträgliche. Wer Kinder verstehen will, muss ihre Realität akzeptieren. Und wer die eigene Unerträglichkeit im Leben meistern will, muss wagen, sie mit neuen, schöpferischen, fantasievollen Bildern umzugestalten.

Wir sind in einem Wirklichkeitsmodell gefangen. Die Wärter sind, oft ohne es zu wollen oder zu wissen, die Eltern, die Nachbarn, die LehrerInnen, die vielen »friends« in den sozialen Medien. Sie alle tragen dazu bei, dass der Status quo nicht durchbrochen wird. Vor allem für Kinder ist es ja fast lebensnotwendig, dazuzugehören, nicht herauszufallen aus dem »Normalen«.

Doch dieses Leben in einem Wirklichkeitsmodell nimmt uns die Möglichkeit, die vielen anderen Ebenen der Wirklichkeit wahrzunehmen, auszuleben, zu genießen. Das ist fantasielos und arm.

Wer auffällt, wer herausfällt, wird kritisiert, verspottet, verlacht. Zwar denken alle, mit dem Internet, den sozialen Medien, der in den Sechzigerjahren gewonnenen Freiheit von Lebensentwürfen und Erscheinungsformen sei es viel leichter und freier geworden. Doch das stimmt nur bedingt. Neue Konformitäten haben sich herausgebildet, die genauso eng, genauso dogmatisch die Anpassung fordern. Heute sind die Tabus eben andere. Es ist vielleicht nicht mehr so wichtig, dass die Fenster geputzt sind oder dass man in der Kirche gesehen wird, doch wenn man aus einem Land flüchten musste und nun mit wenigen Sprachkenntnissen irgendwo auf dem Land in Deutschland festsitzt, spürt man genau, wie eng die Akzeptanzgrenze ist, wie schwer es ist, irgendwo anzukommen und dazuzugehören, ohne die eigene Wirklichkeit aufzugeben.

Wer auf der Spur zur eigenen Kreativität, zu den eigenen Wirklichkeitsebenen tiefer sinkt, kann einmal den Ton der Gedankenströme hochfahren und sich selbst zuhören. Das ist ein wirklich spannendes Experiment. Zunächst ist es natürlich auch tabuisiert, mit sich selbst zu sprechen – schau die arme alte Frau an, die redet mit sich selbst, weil sie so einsam ist –, doch wer über dieses Tabu leicht-sinnig, übermütig hinwegspringt, kann eine schöne Erfahrung machen: Die flüchtigen Gedanken gewinnen an Gewicht, du hast eine, die dir wirklich zuhört, und eine, die dir etwas Interessantes zu sagen hat. Oder wie eine Leserin meines Internet-Tagebuchs es formulierte: Manchmal brauche ich einfach die Meinung einer Expertin, also meiner inneren Weisheit.

Ein scheinbar wichtiger Aspekt unserer Wirklichkeitserfahrung ist die Zeit.

Die PhysikerInnen sagen, es gebe keine Zeit. Zeit sei eine Art Illusion innerhalb der Wirklichkeitskonstruktion, in der wir leben. Doch wenn es keine Zeit gibt, wenn alles tatsächlich gleichzeitig existiert, dann kann auch jede Phase des Lebens neu gestaltet, neu gewertet werden, dann kann die Kindheit mit glücklichen Impulsen und neuen Bildern immer wieder jetzt, im Augenblick, erlebt werden. Es ist eben nie zu spät für eine glückliche Kindheit.

Im Schamanismus der Evenken, Tuva oder Tschuktschen Sibiriens geschieht alles, was erzählt wird, in diesem Augenblick, immer wieder. Damit nähern sich SchamanInnen den WissenschaftlerInnen an: Es gibt keine Vergangenheit, keine Zukunft. Alles geschieht immer jetzt. Das heißt auch, dass alles im Augenblick neu gedacht, erfunden, geheilt, überschrieben werden kann.

Diese Überschreibung geschieht im Magischen durch das Ritual. Im Ritual wird die Welt neu erfunden und gestaltet, die Wirklichkeit wird aus neuen Impulsen neu zusammengesetzt.

Dafür haben »vernünftige« Menschen allerdings gleich eine Einschätzung parat: »Du bist verrückt, du spinnst.« Doch man muss das vorgefertigte enge Korsett der Wirklichkeit verrücken, um in die Gestaltungsfreiheit des eigenen Lebens zu gelangen und die vielen möglichen Schichten von Wirklichkeit zu erkennen.

Zu spinnen ist eine große Kunst. Ich spinne den Faden, in den ich mich fallen lasse und an dem ich mich in meine eigene Wirklichkeit schwinge. Meine Sicherheit ist das Netz der vielfältigen Wahrnehmung, das Bewusstsein darüber, dass wir alle gehalten werden: von Mutter Erde. Vor dieser Hingabe haben fast alle Frauen Angst, weil sie glauben, sie landen in der Psychiatrie, wenn sie endlich an ihr eigenes Potenzial kommen. Doch dort landen eher die Frauen, die es nicht schaffen, unbekümmert zu spinnen, die Welt auf Abstand zu halten, Respekt einzufordern und ihre Angst zu überwinden.

Wir leben in einem Körper in einer materiellen Welt, deshalb reicht es eben auch nicht, in die vielen möglichen Sphären abzudriften und sich ganz dem Traum hinzugeben. Dadurch würden wir die körperliche Präsenz verlieren, die in dieser Welt natürlich lebensnotwendig ist. Im Grunde geht es darum:

- Die Anpassung lernen
- und sich davon immer wieder entfernen.

Ohne Anpassung an die Lebensformen und Heraus-forderungen der äußeren Realität ecken wir immer an und machen uns selbst das Leben schwer. Doch wenn wir verstanden haben, wie wir uns sozusagen wie der Fisch im Wasser in der Welt bewegen können, dann können wir anfangen, uns davon wieder zu entfernen.

Natürlich kann man das Leben einfach ertragen, hinter sich bringen und behaupten, dass man sowieso nichts ändern kann. Doch interessanter wird's natür-lich, wenn man die Herausforderung annimmt und die körperliche Wirklichkeit hier aus den vielen Schich-ten der anderen Wirklichkeitsebenen immer wieder gestaltet.

aus der Stille der Nacht steigen Bilder auf

sie treiben durchs Hirnuniversum

bleiben übereinander liegen

Eichenblätter über Schneematsch

ein geblümtes Kleid auf dem Kaminfeuer

der Magen gurgelt

der Mond ist von Schleiern umgeben

bis das Teewasser kocht stehe ich am Küchen-
fenster

die hell erleuchtete leere S-Bahn fährt vorbei

nur zum Spaß fahre ich die Krallen aus

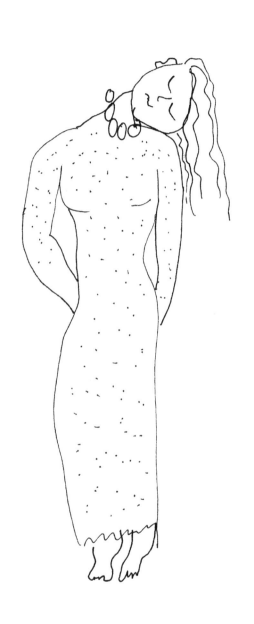

Der Traumkörper

Als Kind konnte ich Menschen in einem farbigen Lichtkreis sehen, sie waren strahlend hell oder stumpf und wie von einer grauen Watte umgeben. Ich sah Töne, Buchstaben und Zahlen farbig, und wenn ich darüber sprach, hieß es: »Du bist narrisch.« Also sprach ich nicht mehr darüber, doch bereicherte es mein Leben.

Oft hatte ich Absenzen oder fiel in Ohnmacht. Zum Glück hatte meine Mutter so viel Arbeit, dass sie das gar nicht wirklich wahrnahm. Wenn ich in der Schule ohnmächtig wurde, trug mich jemand heim, und ich blieb einen Tag im Bett, was wunderbar war, weil die Oma dann auf ihre unnachahmliche Weise einen Apfelstrudel backte und ich den sozusagen als Medizin bekam. Heute würde ich Ritalin bekommen und wahrscheinlich in einer Klinik durchgecheckt werden, wobei man womöglich feststellen würde, dass ich eine Form von Geisteskrankheit, ADHS oder wenigstens eine Form der Epilepsie habe. Da ich mit dieser »Störung« jedoch nie bei einem Arzt auflief, konnte ich sie frei ausleben. Mit der Pubertät verschwanden die Ohnmachtsanfälle, und das Farben-Sehen, das für andere eine Art Abweichung von der Norm bedeutete, wurde für mich zum ganz speziellen Fernsehen. Das Kind von früher würde ich heute so beschreiben: starken Impulsen ausgesetzt, musste erst lernen, damit umzugehen, hatte aber das Glück, von Kindheit an in Verbindung mit anderen Schichten der Wirklichkeit zu sein.

Dass der Körper von vielen Schichten nicht körperlicher Erscheinung, Energie, Farben, sichtbaren und nicht sichtbaren Impulsen umgeben ist, war mir von Kindheit an klar. Ich glaubte es nicht – ich sah es, spürte es, roch es, hörte es sogar. Wie alle Kinder wollte auch ich normal sein, dazugehören und durchlief Phasen von versuchter Anpassung. Es gelang mir nie wirklich. Ich schwänzte die Schule, klaute Kleinigkeiten, rauchte heimlich und trieb mich mit zwei Freundinnen in einer Spelunke herum. Doch immer war diese andere Welt um mich, die mich rief, in die ich abtauchte. Während ich mein Leben gestaltete, liefen die anderen Wirklichkeitsebenen nicht nur mit – ich baute sie aus.

Ich schaute die Menschen genauer an, fühlte ihre Probleme, ihre Absichten. Je mehr ich versuchte, mich ans Normale anzupassen, desto dubioser erschien mir die Wirklichkeit, die uns vorgeführt wurde.

Niemand schien sich für die Tatsache zu interessieren, dass ein Körper Hüllen von Farben, Energie und Impulsen um sich hat, die weiter oder enger, ganz zusammengestaucht oder weit schwingend den Menschen begleiten. Als mir klar wurde, weil ich es »sehen« konnte, dass Krankheiten und Störungen in diesen Schichten begannen, die ich Traumkörper nenne, manche nennen sie Aura, wurde mir auch klar, dass jede Heilung nur dort ansetzen kann.

Anfang der Neunzigerjahre reiste ich mit einer Wissenschaftlergruppe als Journalistin nach Tibet. Ich war schwach, weil kurz zuvor in einer Operation das Metall im Bein entfernt worden war, das nach einem schweren Unfall die Knochen hatte stabilisieren müssen. Alle Reisenden besuchten den wunderschönen Tempel, ich setzte mich einfach mit gekreuzten Beinen auf den Boden und schloss die Augen. Mit geschlossenen Augen nahm ich wahr, dass Hunde sich mir näherten, ich »sah« ihre leuchtend hellen Traumkörper. Tief atmend spürte ich, wie sich ihre Traumkörper mit meinem zu verschmelzen begannen. Das wäre eigentlich eine unangenehme Erfahrung gewesen, denn damals hatte ich nach einem schmerzhaften Hundebiss Angst vor Hunden. Doch diese Präsenz fühlte sich angenehm an, freundlich. Als ich die Augen öffnete, war ich von einem Rudel Hunden umgeben, die sich alle um mich herum versammelt und hingelegt hatten. Ich blieb lächelnd sitzen, und sie schienen irgendwie zurückzulächeln. Einige schliefen. Der Abt des Klosters kam, und hinter ihm die Gruppe. Er hielt meine Mitreisenden zurück, pfiff die Hunde zu sich und bedeutete ihnen zu verschwinden, was sie auch taten. Dann kam er zu mir und sagte mir, wie außerordentlich diese Szene gewesen sei, denn diese Hunde seien aggressiv und scharf und würden schnell einmal zubeißen. Sie seien eben Mönche, die sich als Hunde reinkarnieren mussten, weil sie schlimme Dinge getan hatten. Ich nehme an, diese unartigen Mönche spürten meine Schwäche und wollten mich schützen.

Aus dieser Erfahrung nahm ich mit, dass das »Lesen« des Traumkörpers genauere Auskunft über eine Person, ein Tier, eine Pflanze, ja einen Stein gibt als die Betrachtung der körperlichen Erscheinung. Um diese »Aura«, diesen Traumkörper zu lesen und zu verstehen, ist es wichtig, dem Gefühl zu vertrauen, das auftaucht, Farb- oder Impulserscheinungen nicht wegzuwischen, wie wir es oft tun, weil wir eben Meister und Meisterinnen der Magie der Verhinderung sind.

Den Traumkörper kann man nicht erklären, man kann nicht nach Anleitung: »Mach es so, dann siehst du ihn!« lernen, die Schichten von Energie, die den

Körper umgeben, wahrzunehmen. Manche nehmen sie wahr und finden es normal. Manche schämen sich für diese Wahrnehmung und fühlen sich wie Freaks. Zum Glück verändert sich unsere Gesellschaft, mehr Akzeptanz, mehr Toleranz entsteht, sodass Erscheinungsformen aller Art mehr und mehr angenommen werden.

Nur bei Menschen, die Aura sehen, die Ahnungen haben und sich mit Astrologie und Tarot beschäftigen, hapert es noch etwas mit der Toleranz der Wissenschaftsgläubigen. Das scheint so eines der letzten Tabus zu sein: in andere Wirklichkeitsschichten zu schauen und das so selbstverständlich zu beschreiben, als lese man eine Zeitung.

Wahr ist auch, dass es – wie in jedem Handwerk – Lüge, Betrug und Pfusch gibt. Ich habe jedoch noch keinen Astrologen/keine Wahrsagerin getroffen, die so einen gigantischen Pfusch hingelegt hätten wie den Berliner Flughafen oder die Lastwagenmaut und dabei so unvorstellbar viel Geld abgegriffen hätten.

Freilich möchten viele gern diese wundersamen Schleier sehen und spüren, die einen Körper umgeben. Es braucht viel Zeit, sich da einzufühlen, wenn man mit der Fähigkeit dieser Wahrnehmung nicht geboren wurde, doch es lohnt sich, die Sinnesorgane zu trainieren, die Töne hinter und unter den Tönen zu hören, hinter die Wirklichkeitsfolie zu blicken, die überall vorgeschoben wird, und das Gefühl nicht gleich zu verscheuchen, das eine Wahrnehmung andeutet, die sich mit der Realitätsdarstellung beißt.

Ich wäre sehr vorsichtig damit, zu AuraleserInnen, zu WahrsagerInnen, zu AstrologInnen zu gehen, weil man einfach nie genau wissen kann, ob sie nicht ihre Version der Realität um jeden Preis anbringen wollen – und den Preis zahlt natürlich der Klient, die Klientin. Allerdings bin ich auch vorsichtig, welchen MedizinerInnen ich mich anvertraue, da es natürlich auch in diesem Berufsstand SchlamperInnen und Ahnungslose gibt, die auf dem Weg des geringsten Widerstandes Operationen und Medikamente durchsetzen, die nicht nur dem Körper, sondern auch den vielen Traumkörperebenen empfindlich schaden können.

Heilung – das Gleichgewicht wiederherzustellen – beginnt im Traumkörper, mit dem Atem, mit Schönheit und Freude, mit Achtsamkeit für alle körperlichen und energetischen Erscheinungen. Erst wenn das nicht greift oder wenn klar wird, dass die Schulmedizin nötig, lebenswichtig wird, sollte man sich für drastischere Eingriffe entscheiden und immer nah bei der Wahrnehmung der Empfindungen bleiben: »Stimmt's noch? Reicht's jetzt?«

Die Wahrnehmung des Traumkörpers hat auch Nachteile: Man bleibt nicht mehr gern an Orten, wo viele Menschen zusammenkommen, wo dichtes Gedränge herrscht, wo viel Angst, Frust, Stress und Wut in Menschen aufkommen, denn so einfach ist die Wahrnehmung der Energien nicht auszuschalten. Feinfühligkeit hat ihren Preis: Die Welt wird ein bisschen anstrengender, aber eben auch vielfältiger, tiefer, wahrhaftiger.

Wie finden wir in die Traum-zeit?

Vielen Menschen »passiert« der Übergang einfach. Sie erleben visuelle Phänomene, hören Klänge, spüren, dass etwas plötzlich anders ist, dass sich ein Raum öffnet, dass die bekannte Wahrnehmung der Realität nicht mehr funktioniert, sie wird fremd, unvertraut. Der Übergang kann ein bisschen unheimlich sein, weil wir ja immer gleich denken: »Jetzt schnappe ich über! Ich werde verrückt!«

Menschen, die solche spontanen Erlebnisse nicht haben, kennen jedoch meistens das Phänomen, dass sich ein Lied so einprägt, dass es zum Ohrwurm wird. Oder etwas, was gesagt wurde, verschwindet einfach nicht aus dem Gedächtnis, wird immer wieder neu aufgelegt. Das ist ein ganz normales Angebot unseres Gehirns, das sich jedoch trainieren und ausweiten lässt. Wenn ich sage: »Stell dir deine Lieblingsmusik vor«, wird bei den meisten ein innerer Klang hörbar. Wird eine Schreckenssituation abgerufen: »nachts am Bahnhof«, »Besoffene auf dem Oktoberfest«, »eine Frau allein auf einer einsamen Straße«, »eine Frau in einem Streit mit ihrem Mann, der sie schlägt«, können sich die meisten

Frauen etwas vorstellen, und die Luft wird ein wenig kälter, der Atem flacher, und die Muskeln spannen an, Zähne beißen aufeinander, Fäuste ballen sich.

So funktionieren Krimis, sie lösen Gefühle und körperliche Reaktionen bei uns aus. Vielleicht sind Krimis deshalb so populär, weil man die schreckliche Situation auf Abstand aufnehmen und erleichtert wegschieben kann. Wichtig ist: Dem Körper ist die Imagination wohlbekannt, auch wenn der Mensch, der im Körper steckt, vielleicht sagt: »Davon habe ich keine Ahnung.« Der Körper vernimmt die Bedrohung und reagiert. Ob wir es mitbekommen oder nicht.

Es geht natürlich auch anders. Sage ich: »Stell dir den Ort vor, an dem du am glücklichsten warst!«, dann hat man entweder keinen Ort oder es gab kein so glückliches Erlebnis, dass es sich so stark eingeprägt hätte, und wir denken: »Ja, obwohl das fast unmöglich scheint – das gibt's.« Oder es taucht sofort ein Ort, ein Tag, ein anderer Mensch, ein Erlebnis auf, und weil, wie sibirische SchamanInnen wissen, was imaginiert, gerufen oder erzählt wird, immer jetzt geschieht, strömt das Glücksgefühl, kommt Freude auf.

Die Eintrittspforte in die Ebenen der Imagination sind eben auch Erzählungen. Wir erleben das bei jedem Kasperltheater, bei Märchenstunden, bei Literaturlesungen. Wenn gut erzählt wird, gehen alle mit, der Puls wird schneller, wenn's spannend wird, oder wir entspannen uns, weil die Erzählung beruhigend und schön ist. Das ist eine Form der Magie, auch wenn die meisten das nicht so nennen würden. Worte wandeln Wirklichkeit – das ist das Wesen der Magie, und das ist auch das Wesen des Eintritts in andere Ebenen.

Auch Symbole können Wirklichkeit wandeln. Können längst Vergessenes wiederaufleben lassen, können Erinnerung wecken oder den faszinierenden Blick für andere Seinsebenen öffnen. Alle alten Kulturen und viele Ureinwohner-Kulturen heute wissen um die Macht der Symbole. Muscheln rufen die weibliche Kraft, ein Messer steht für Macht oder auch für Gefahr. Tore zu anderen Welten sind sehr oft Steine: Schwarze Steine rufen seit Menschengedenken die große Mutter, die Urmutter, die Frau, die schon immer da war. Sie nennen sie Lilith, Kali, Baba Jaga. Und Madonna. Schwarze Madonnen werden von Polen bis Spanien und Portugal verehrt. Die schwarze Madonna erinnert vielleicht noch mehr als andere Marienfiguren an die Macht der alten Göttinnen, die mit dieser schwarzen Madonna bis heute angerufen wird.

Die Attribute der Marien sind auch die alten Attribute der Göttinnen, mit ihnen beginnt die Reise in die andere Wirklichkeit: Da ist der Sternenmantel – einst das Symbol der ägyptischen Nut und der babylonischen Ishtar. Die Mondsichel rief einst Artemis-Diana ebenso wie Isis oder Luna.

Eine Madonna, die ihre Vulva präsentiert als Symbol für den Durchtritt ins Leben oder die eine Mandel hält, imitiert die alten keltischen und vorkeltischen Sheela-na-Gig-Darstellungen. Die Frau, die mit geöffneten Beinen den Blick auf ihre Vulva freigibt, indem sie sie mit den Fingern öffnet, ist ein geradezu unerhörter Anblick in unserer doch so freien Zeit. Denn die Frau, die Macht über ihre Vulva hat, ist nicht zu besiegen. Die Sheela-na-Gig ist ein Symbol für den Eintritt in die Welt durch die Frau, eine Erinnerung daran, wer hier das Sagen hat, immer noch, obwohl es ja nicht so aussieht. Doch ohne die Frau ist wahrhaftig alles nichts.

Wer also einen schwarzen Stein, einen Meteoriten (das Machtsymbol der Göttin Kybele-Kubaba), eine Muschel, ein Messer, einen Sternenmantel, eine Mondsichel, eine Sonnenscheibe oder ähnliche Symbole in den Händen hält und sich auf sie konzentriert, begeht einen uralten Pfad in die andere Welt. Über das Symbol, das hier zum Tor wird, ist der Einstieg in eine Wirklichkeit möglich, die kreativ Möglichkeiten zur Gestaltung der eigenen Vision eröffnet.

Tiere als Helferwesen

Tiere als Helferwesen von Menschen gibt es rund um den Erdball. In den Plüschtieren der Kinder setzt sich eine magische Tradition fort, die es Menschen möglich machte, durch ein Symbol, das ein Tier darstellt, die Kraft des Tieres abzurufen.

Unterschiedliche Tiere haben in unterschiedlichen Regionen auch unterschiedliche Bedeutungen. Je nach geografischer Umgebung sind es andere Kräfte, die gerufen werden.

Interessant ist der Bär, denn in fast allen Kulturen der nördlichen Halbkugel wird er als magisches, starkes Tier verehrt. Im katalonischen Ausläufer der Pyrenäen gibt es die Sage von einer Frau, die mit einem Bären lebte und ein Bärenkind gebar. Die Einwohner distanzieren sich zwar lächelnd von der Vorstellung, eine Frau könne mit einem Bären ein Kind haben, doch wird der Bär in dieser Gegend so stark verehrt, dass es sogar jedes Jahr ein Bärenfest gibt, bei dem drei als Bären verkleidete Männer die Stärke und sexuelle Kraft des Bären evozieren, junge Frauen mit Ruß schwärzen und sie auf den Boden niederringen. Es ist kein gewalttätiges Ritual, doch sind sehr viel Energie und Gelächter dabei. Viele Bewohner dieser Gegend beschwören, dass sie einen Bären auf der Anhöhe gesehen haben, der auf seinen Hinterfüßen steht. Bären waren seit langer Zeit in den Pyrenäen ausgestorben, aber wie eine Frau meint: »Womöglich sind sie durch das Ritual wieder angelockt worden.« Eben! Tatsächlich wurden Bären in den Pyrenäen wieder angesiedelt – wer weiß, vielleicht waren die Rituale Auslöser dafür!

Die Eidechse oder der Gecko, in manchen Gegenden auch das Krokodil öffnen das Tor zur Magie, und zwar von Afrika über die Kultur der Aborigines bis nach Südeuropa. In Portugal und Spanien reicht es, die Darstellung einer Echse ans Haus zu malen, um als Hexe oder Zauberer gefürchtet zu werden. Die Echsendarstellung ruft bei vielen Menschen die Schrecken des Schadenszaubers hervor. Während sie um ihr Hab und Gut betrogen und von ihren Regierungen mit ihren Bedürfnissen ignoriert werden, bleibt das Feindbild doch der Gecko oder die Echse.

In dem kleinen Dorf im Alentejo Portugals, in dem ich seit vielen Jahren immer wieder eine Zeit lang lebe, kaufe ich gern im Dorfladen ein und stelle mich den neugierigen Fragen der Nachbarinnen. Einmal kam ich – wie alle übrigens – in einem Hemd mit Spaghettiträgern und Schlabberhose. Die Frauen sahen die kleine Echse, die auf meinen linken Oberarm tätowiert ist, und schrien auf: »Osga! Osga!« Osgas sind kleine Geckos, die gibt's hier überall, und sie stehen für Zauberei.

»Ich weiß gar nicht, warum ihr euch so aufregt«, sagte ich, »die fressen doch Insekten!« Insekten sind ein Problem, nicht so sehr die Mücken, aber das Dorf liegt am Rand der Wildnis, und kleine Kriechtiere sind nicht beliebt. Da machen die Frauen nur »tsch, tsch« und beschreiben mit ihren Händen den Gebrauch von Spraydosen mit Insektenvernichtungsgift.

Auf einer Buschtaxifahrt durch Nigeria rettete mich eine Rassel, die ich mir aus einem kleinen Schildkrötenpanzer gefertigt hatte, vor der Gewalt einer umherziehenden Bande. Sie wollten mich kidnappen, töten vielleicht. Doch ich holte meine Rassel hervor und wusste nicht einmal, dass die Schildkröte bei den Yoruba Nigerias für die unberechenbare magische Kraft von Eshu, der zweigeschlechtlichen, unberechenbaren Gottheit steht, die nicht zu bestechen, nicht zu beopfern oder herbeizulocken ist. Eshu kommt und geht nach Belieben. Du kannst ihn/sie nicht zu deinem Helferwesen machen, denn entweder bekommst du unerwartet Hilfe, oder du gehst unter. Wer von Eshu spontan beschützt wird, erzeugt in den Anwesenden Angst.

Von Eshu beschützt zu werden lässt Schlimmes vermuten. Unberechenbar wie Eshu wird nun die Person mit dem Schildkrötensymbol. Der kleine Schildkrötenpanzer meiner Rassel rief Eshus Kraft, und wir tauchten alle gleichzeitig in Eshus Reich ein, ich, ohne es zu wissen, die Räuber mit schreckensverzerrten Gesichtern.

Ich kam davon, obwohl die Räuber bewaffnet waren. Ein Symbol, das gut eingeführt ist, ist eben stärker als Macheten und Pistolen. Ich fand mich in dieser Ebene der Wirklichkeit mit unvermuteter Kraft und Entschlossenheit wieder. Ich war überzeugt: Nichts kann mich besiegen! Erst später, in Sicherheit, fing ich an zu schlottern...

Betrachtet man die Objekte, die in steinzeitlichen Ausgrabungen gefunden werden, dann darf man annehmen, dass Mammuts, Pferde, Hasen und Bären die magischen Tiere dieser Zeit waren. In Malereien wurden sie beschworen. In der Chauvet-Höhle gibt es gleich beim Eingang sogar eine Art Felsenaltar, auf dem ein Bärenschädel präsentiert wurde. Kleine aus Bein geschnitzte oder aus Stein geformte Tierfiguren sollten wohl eine Art mobile Pforte in die andere Welt und zugleich Schutz darstellen. Den Menschen war die Verbindung zur Traumzeit wohl wichtiger als ein sesshaftes Leben, das ihnen – wie es dann ja später Mode wurde – mehr Stabilität und Sicherheit gebracht hätte. Scheinbar. Ich bin sicher, unsere frühen AhnInnen wussten sehr genau, wie wichtig die Unterstützung und die Kraft der Wesen aus der Traumzeit sind und wie viel mehr sie bewirken können als Körperkraft in der physischen Realität. Zumal die Körperkraft sehr wohl mit Worten und Symbolen gelähmt werden kann.

Was gelähmt werden kann, kann umgekehrt auch angeregt und ins Leben gerufen werden, die Kraft der Bärin, die lustvolle Eigenständigkeit der Katze, die Fähigkeit, sich zu verbergen und unentdeckt zu bleiben, wie die Tiefseekrake das vermag, oder das feine Geruchsempfinden eines Hundes.

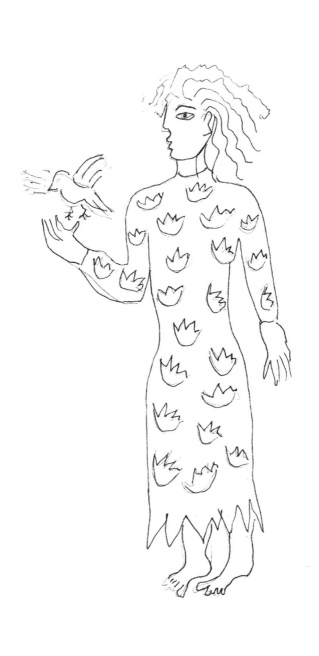

Reinkarnieren oder nicht reinkarnieren – das ist hier die Frage

Nehmen wir mal an, ich sei arbeitslos, hätte gerade kein Dach über dem Kopf, und es sähe überhaupt nicht gut aus für mich. Doch bin ich davon überzeugt, dass ich in einer früheren Reinkarnation eine Priesterin war, Mist gebaut habe und deshalb in dieser Reinkarnation etwas zu lernen habe – verändert das meine Wirklichkeit? Ja. Ganz sicher.

Ich kenne Frauen, die in schwierigen Beziehungen leben, diese jedoch gar nicht so wahrnehmen, weil sie davon überzeugt sind, dass alte Fehler auszugleichen, alte »Sünden« gutzumachen sind. Wie Fehler durch Gewalterfahrung in einer Beziehung gutgemacht werden können, ist mir zwar schleierhaft, dennoch: Weil die Überzeugung da ist, verändert sich die Wirklichkeit. Der Wahnsinn bekommt, irgendwie, Sinn.

Es ist natürlich nicht an mir, das zu kritisieren oder gar zu korrigieren. Menschen werden nach ihrer eigenen Überzeugung glücklich oder nicht, und Frauen schaffen es mit ihrer unvorstellbar reichen Einbildungskraft immer wieder, die schlimmste Wirklichkeit so schönzureden, dass sie erträglich wird. Nur bin ich der Meinung, dass mit so viel kreativer Power auch ein fantastisches, reiches, spirituelles, wundervolles Leben zu entwerfen und zu verwirklichen möglich wäre.

Andy Warhols Spruch: »You can't tell anybody anything!« beschreibt eben auch, wie jeder Mensch auf seiner eigenen Wirklichkeitswelle surft.

Wie ist das also mit der Reinkarnation? Wäre es nicht möglich, dass ein Leben, das wir nicht voll ausgeschöpft, glückselig gelebt und mit allen Kräften umgesetzt haben, in einer neuen Reinkarnation wieder dieselben Probleme aufwirft, bis wir verstanden haben, worum es geht: das Glück zu locken und zu verströmen? (Ich denke das, Reinkarnation hin oder her.)

Die Dimension der Möglichkeit der Reinkarnation ist spannend, weil in ihr Situationen aufleuchten, die in der ganz materiellen Wirklichkeit (noch) nicht da sind, die gewünscht werden, aber noch nicht verwirklicht werden (können). Das bedeutet, dass ich wahrnehmen muss, welche Reinkarnation für mich erstrebenswert ist, von welcher Reinkarnation – im Vergangenen oder im Zukünftigen – ich träume, denn so komme ich mir selbst auf die Spur meiner Kräfte, meiner Träume, meiner Wirklichkeitsebenen.

Die meisten Frauen, die ich kenne und die von Reinkarnation überzeugt sind, waren in ihren vorherigen Leben Priesterinnen, Königinnen, Herrscherinnen, gern auch mit einem Machtproblem (weshalb sie jetzt in dieser Wirklichkeit so ohnmächtig sind – Lernprozess sozusagen). Da es in früheren Zeiten insgesamt jedoch relativ wenige Herrscherinnen gab, frage ich mich, wo die vielen Frauen sind, die Mägde, Prostituierte, gequälte, leidende, ausgebeutete Frauen waren? Ich habe noch keine Frau getroffen, die so eine Frau war oder gewesen sein wollte. Wie auch. Es reicht ja schon, dass wir Frauen in diesem Leben oft ausgegrenzt, schlecht behandelt, betrogen und um unser Recht gebracht werden, da will man doch nicht auch noch jahrhundertelang ein ähnliches Schicksal erlitten haben müssen. Während ich das schreibe, merke ich, wie viele Möglichkeitsformen da in meinem Kopf turnen. Ich glaube eben nicht an Reinkarnation.

Allerdings bin ich überzeugt, dass gelebte Kräfte, Ereignisse, Fähigkeiten in einer Art »Cloud« über der Welt der Menschen gespeichert sind, ähnlich der Cloud, die es jetzt ja überall in digitalen Räumen und Wirklichkeiten gibt. Du speicherst deine Erfahrungen, deine Bilder, deine Texte irgendwo im Universum, und die GebieterInnen über Google, Bing, Facebook, Twitter, Instagram oder Flickr versichern dir, dass es »sicher« ist, dass du jederzeit Zugang dazu hast und andere nur mit deinem Einverständnis darauf zugreifen dürfen. Da entsteht eine Wirklichkeit, eine ganz neue Welt, die voll von Texten und Bildern irgendwo über uns schwebt, scheinbar unantastbar und doch so verletzlich. Wer besonders starke mediale Fähigkeiten hat, knackt dann eben mal den Code und loggt sich in die Welt der vielen ein.

Wenn allerdings die verschärfte Digitalisierung unserer Erfahrungswelt zur digitalen Demenz führt, wie der Hirnforscher und Neurologe Manfred Spitzer warnt, dann ist diese Ebene der Erinnerung, diese Wirklichkeit für immer verloren, sobald wir die Codes und Zugänge nicht mehr wissen.

Ich surfte viele Jahren auf der Fotoplattform »Flickr«, es macht Spaß, die Bilder-Realitäten von so unvorstellbar vielen Menschen aus aller Welt zu entdecken, mit ihnen in Kontakt zu sein und etwas von der Erde zu sehen, wohin man selbst womöglich nie reisen wird. Eine echte Bereicherung also.

In dieser Welt hatte ich einen Kontakt, den ich sehr interessant fand: ein deutscher Jude, dessen Familie nach London emigriert und der in England aufgewachsen war, ein Antiquariat führte und, obwohl er gut Deutsch sprach, nicht gern Kommentare auf Deutsch abgab.

Die deutsche Wirklichkeit wurde für ihn erst dann wieder akzeptabel, als sie sich ihm auf andere, vielleicht heilende Weise zeigte. Die Wirklichkeitsebene der Nazis, der Vernichtung von Menschen, des Kriegs erfuhr eine neue Dimension, wurde sozusagen überschrieben von Kreativität, Schönheit und Witz seiner deutschen Kontakte. Wir tauschten uns oft aus, hatten sogar ein Treffen im Sinn, und ich hatte schon überlegt, ihn einmal in der physischen Welt hinter seinen Fotos zu besuchen, da wurden seine ins Netz gestellten Bilder spärlicher, die Kommentare eigenartiger. Ich fragte nach. Er schrieb mithilfe seiner Pflegerin, dass er an Demenz leide, seine Welt verliere und mit Flickr nicht mehr zurechtkomme. Eine andere Wirklichkeit tat sich für ihn auf, während immer noch Hunderte von Fans sein letztes Foto auf Flickr kommentierten. Seine Welt wurde enger. Für ihn wäre es wohl eine echte Chance, sich wieder zu reinkarnieren, sich zu erinnern und ein freudvolles Leben neu zu gestalten. Einmal noch schrieb er mir eine E-Mail, er kenne sich nicht mehr aus, er finde sich in der Welt nicht mehr zurecht. Was er geliebt hatte, bedrohe ihn nun.

Seit einigen Jahren habe ich nichts mehr von ihm gehört. Er ist in seiner neuen Welt verloren gegangen, und ich denke sehr oft darüber nach, was Wirklichkeit dann eigentlich ist. Wenn sie nur im Kopf erfahrbar ist, gibt es sie vielleicht nur im Kopf. Heißt das, dass es das Sofa, den Komposthaufen, den Vogel oder meinen Computer nur gibt, weil ich an ihn glaube?

Nehmen wir an, dass es Reinkarnationen gibt – wären wir dann nicht alle ein wenig dement? Wir können uns ja meistens gar nicht erinnern. Da ist vielleicht mal ein wohliges Gefühl an einem Ort, »den kenne ich«, obwohl man nie dort gewesen ist, vielleicht fühlt es sich irgendwo bedrohlich an, eine Person scheint vertraut, obwohl man sie vorher nie getroffen hat. Gar nicht so einfach, die Puzzleteile einer universellen Existenz zusammenzusetzen.

Auf einer meiner ausgedehnten Reportagereisen nach Westafrika unterhielt ich mich ausführlich mit einem Zauberer, der mir erklärte, dass Flugzeuge nur fliegen, weil der Pilot daran glaubt. Würde er es nicht mehr glauben, so würde das Flugzeug gar nicht erst abheben oder abstürzen.

Das eröffnet eine neue Wirklichkeitsdimension für die schreckliche Tat des German-Wings-Piloten, der über hundert Menschen mit in den Tod riss: sein Glaube daran, dass das Flugzeug fliegt, dass er es fliegen kann, dass es sinnvoll ist, die Menschen heil wieder auf den Boden zu bringen, war verloren, und verloren waren mit ihm alle Menschen, die von ihm abhängig waren. Wenn es Reinkarnationen gäbe, wäre das neue Leben dieses Piloten kein leichtes. Er hätte diesen terroristischen Akt wiedergutzumachen durch einen Dienst an Menschen, wie auch immer. Doch wenn es ihm an Einsicht fehlte, dass er etwas gutzumachen hätte, dann würde sich doch diese Kausalkette ins Unendliche fortsetzen, denn die Reinkarnationsidee geht ja davon aus, dass wir alles so lange in immer neuen Leben wiederholen, bis wir begriffen haben, um was es geht, und es gelöst haben.

Wie können wir also mit der Möglichkeit der (drohenden) Reinkarnation und der Auswirkungen früherer Reinkarnationen umgehen, ohne Schaden zu nehmen? Es ist im Grund ganz einfach: Wir leben so freudvoll, so fair, so ehrlich, so liebevoll wie möglich, öffnen uns für die vielen Ebenen der Wirklichkeit mit Erwartungsfreude und spielerischer Neugier, »schreiten in Schönheit« durchs Leben, wie es die Hopi bezeichnen. Bereiten uns auf ein wohliges Ende vor, das auf diese Weise stimmig und in Frieden geschehen kann. Reinkarnieren können wir uns dann immer noch.

Ist Imaginieren gefährlich?

Kann das gefährlich werden? Können schreckliche Gestalten auftauchen?

Ich finde es immer wieder faszinierend, dass für den Schrecken die Kraft immer reicht, während für die Lebenslust, die Schönheit, die schöpferische Magie, das eigenmächtige Gestalten der Dampf ausgeht. Ja, natürlich können auch mal unangenehme Wesen daherkommen. Die eigenmächtige Frau/der eigenmächtige Mann zeigt ihnen den Rückweg. Und eins kann ich aus vielen Jahren Erfahrung mit Imagination sicher sagen: Ein Mensch, der es nicht fertigbringt, sich unangenehme ZeitgenossInnen vom Leib zu halten, wird auch hier einen Lernprozess zu machen haben. Sprich ein Machtwort! Lass dich nicht überrumpeln! Wer klar eine Grenze zieht und entschlossen zurückweist, hat kein Problem. Erinnere dich immer daran: Du bist die Gebieterin über deine Imaginationen. Du bestimmst, wie weit du gehst, welche Begegnungen du annehmen willst, welche nicht, wann du wieder auftauchst.

»Ist Imaginieren gefährlich?«, fragte mich einmal eine Frau. »Kann man darin verstrickt und gefangen werden?«

Ich finde diese Frage interessant, denn diese Frau lebt in einer Großstadt und geht, ohne zu zögern, über eine stark befahrene Straße, steigt in Autos, in Flugzeuge, in Busse, obwohl man doch weiß, dass jederzeit Unfälle passieren. Sie steigt mit einem Mann ins Bett, von dem sie nicht einmal den Nachnamen kennt, sie kauft Lebensmittel im Supermarkt, die womöglich belastet oder für sie unverträglich sein können. Und sie hat Angst davor, in der Imagination Schaden zu erleiden. Warum? Weil sie diese andere Wirklichkeit nicht kontrollieren kann?

Ich denke, es hat mit Gehirnwäsche zu tun. In der Zeit der Inquisition wurde den Frauen jede Selbstbestimmung, jeder Zugang zu ihrer ureigenen Kraft, jede Eigenständigkeit verwehrt. Viele Frauen wurden umgebracht. Das sitzt uns in den Knochen. Da ist diese Erinnerung: Gehst du zu deiner Kraft, kannst du umgebracht werden. So ist es nicht. Wenn du zu deiner Kraft findest, lernst du dein Leben selbstbestimmt zu gestalten. Es reicht nicht, es auszuhalten, es zu verwalten – es geht ums Gestalten.

Ich habe in über vierzig Jahren Arbeit mit Frauengruppen noch keine Frau getroffen, die in einer Imagination hängen geblieben wäre. Allerdings habe ich einige Frauen erlebt, die in übergriffigen oder gewalttätigen Beziehungen kaputt gegangen oder aufgrund von Alkohol- oder Drogenproblemen in schreckliche Wirklichkeiten gestürzt sind. Nach meiner Überzeugung haben Alkohol, Drogen, halluzinogene Substanzen nichts verloren in einer verantwortungsvollen, kreativen, heilsamen Imaginationsarbeit. Denn all diese Substanzen führen dich von dir selbst weg, von deiner Eigenmacht, von deiner Verantwortung in ein unbekanntes Niemandsland, das sich über dich stülpen und dich gefangen nehmen kann.

Immer wieder werden Stammeskulturen angeführt, die mit halluzinogenen Pflanzen Trancen herbeiführen. Diese Menschen haben eine lange Tradition mit diesen Substanzen, und ich hätte kein Bedürfnis, mich in diese Tradition einzumischen, von der ich sowieso nichts verstehe, ich laufe ja auch nicht nackt durch den Urwald und töte Schlangen mit der Hand, genauso wenig wie ich eine Sehnsucht danach habe, wie viele bayerische Männer zehn Liter Bier am Abend zu trinken. Wer das macht, hat seine Gründe. Mit spiritueller Wirklichkeit hat es nichts zu tun.

Viele mitteleuropäische und amerikanische TräumerInnen glauben, wenn sie zu diesen urtümlichen Stämmen reisen, sich von diesen SchamanInnen bearbeiten lassen, würden sie ein reicheres, weniger langweiliges Leben finden. Weniger langweilig mag sein. Manche kommen allerdings mit dem ADAC-Rückholdienst auf der Trage wieder nach Hause – das ist die Ironie dieser Situation. Wir haben immer eine Sicherheit im Rücken, das Konsulat, das die Heimreise zahlt, die Versicherungen, die vorher abgeschlossen werden, Eltern, Freunde usw. Doch diese Sicherheit ist trügerisch. Wer sich in magischen Experimenten verliert, die er/sie nicht verarbeiten kann, findet womöglich keinen Rückweg mehr. Ich kenne Frauen und Männer, die bei solchen Experimenten todkrank wurden und nun mit Hepatitis und anderen Leiden zu tun haben. Jean-Paul Sartre hat in Drogenexperimenten Bekanntschaft mit riesigen, bedrohlichen Meerestieren gemacht, die ihn ein Leben lang verfolgten. Er begegnete ihnen auf Pariser Straßen, in seiner Wohnung, am Schreibtisch. Hinterher ist es leider zu spät, um einzuräumen, dass das Drogenexperiment die Folgen nicht wert war.

Wir haben doch alle Fähigkeiten schon in uns. Es reicht, dass wir uns auf die eigene Kraft verlassen und uns immer wieder daran erinnern, dass wir die SchöpferInnen unseres eigenen Lebensgewebes sind.

Die Welt
umträumen

Praxisteil

Das Leben träumen,
den Traum leben

Imaginieren zu üben muss nicht schwer sein. Es heißt immer, man brauche eine sehr gute Fantasie, um imaginieren zu können. Ich denke, wir brauchen eine gute Beobachtungsgabe. Es geht ums genaue Hinsehen, Wahrnehmen, Aufnehmen. Denn wer genau hinschaut, kann das Bild auch vor dem inneren Auge reproduzieren.

Imaginieren kann jeder Mensch. Welche besorgten Eltern haben sich nicht die schlimmsten Szenen ausgemalt, wenn ihre Kinder nachts nicht nach Hause kommen? Welche eifersüchtigen PartnerInnen hätten sich nicht schon mal eine deftige Bettszene mit der/dem Liebsten als Hauptperson vorgestellt? Welche ängstliche Frau kann sich keine Situation ausdenken, in der sie überfallen wird und Schlimmeres? Welcher Mensch träumt nicht gelegentlich von wunderbaren Urlaubsorten oder spontanen Fluchten aus dem Alltag?

Viele Menschen haben das Gefühl, dass sie »ins Schicksal« nicht eingreifen dürfen, dass sie schlucken müssen, was das sogenannte Schicksal ihnen austeilt. Ich bin der Überzeugung, dass wir auf dieser Welt sind, um glücklich zu sein, um Schönheit und Wohligkeit zu finden, um zu gestalten, was wir brauchen. »Darf ich das?«, »Muss ich nicht das Schicksal entscheiden lassen?«, fragen mich da oft Frauen. Sind wir nicht gefordert, das eigene Leben so zu gestalten, dass es gelingt und wir glücklich werden?

Wer darauf wartet, dass das Schicksal, was immer das ist, das Leben recht angenehm macht, könte eine Überraschung erleben. Sich passiv in Situationen einzufügen, die unerträglich sind, ist nicht der Sinn unseres Daseins.

Wer Qualen erleidet, kann dennoch in der Imagination eine Lösung finden und beginnen, sie umzusetzen. Eine geflüchtete Frau erzählte mir, dass sie unbeirrbar an ihrer Vision festhielt, ihre Cousine in London zu finden. Nun haben ja viele Menschen, die flüchten müssen, Angehörige irgendwo in Europa oder Amerika, doch diese Cousine existierte gar nicht. Sie wurde zum Ankerplatz, zur Anlegestelle. Ich fand das besonders ermutigend und auch kurios, weil wir ja immer die Vorstellung haben, spirituelle Ebenen sind so eine Art Luxus und nur wir haben Zugang dazu, weil wir Zeit und Raum und Muße haben, um uns darauf einzulassen. Tatsächlich kommen viele der geflüchteten Menschen aus spirituellen Traditionen, die sie stärken und ihnen überhaupt erst die Flucht möglich machen, weil sie über schier unüberwindliche Kräfte verfügen, die sie in anderen Wirklichkeitsebenen aufbauen.

Alles Imagination!

Wenn du konzentriert in eine Imagination sinken willst, versteht es sich von selbst, dass das Smartphone oder sonstige digitale Geräte, die Türklingel usw. abgeschaltet sind, denn nichts ist so grausam wie ein Klingelton, wenn du tief entspannt bist.

Was bringt es uns, Imaginieren zu üben?

Nichts, was auf dieser Welt von Menschen geschaffen wurde, wurde ohne vorherige Imagination, ohne Idee, ohne Vision umgesetzt. Warum sollten wir uns damit begnügen, die Imaginationen oder Visionen von anderen Menschen zu leben, wenn wir doch selbst in der Fantasie das Kraftwerk erzeugen können, das uns zu einem glücklichen Leben verhilft!

Konzentration üben

Für den **Anfang** genügt es, dort, wo du gerade bist, die Umgebung genau wahrzunehmen, dann die Augen zu schließen und so viele Einzelheiten wie möglich wieder aufzurufen. Das kann man überall tun, und wenn man irgendwo blöd warten muss, ist es besonders angenehm, daraus eine Übung zu machen. Wie ist der Raum? Was hängt an der Wand? Die Landschaft? Was wächst da? Gibt es Menschen? Wie sehen sie aus? Was ist besonders an ihnen? Und so weiter.

Imaginieren kannst du im Sitzen, im Liegen, im Gehen – im Grunde ist es ja die natürlichste Sache der Welt, weil unsere Gedanken immer fortwandern, während wir irgendwo mit dem Körper beschäftigt sind. Doch ist Imaginieren eben genau nicht dieses unbewusste gedankliche Hierhin- und Dorthinströmen, sondern die Konzentration auf ein Bild, eine Szene, ein Ereignis. Deshalb ist es gut, in der körperlichen Dimension achtsam zu sein und in der Imagination konzentriert, während der Körper möglichst nichts zu tun hat.

Einen Weg in der Imagination gehen

Du liegst im Bett, bist gerade aufgewacht oder kurz vor dem Einschlafen. Stell dir jetzt vor, du stehst auf und gehst aus dem Haus. Versuche, so viele Einzelheiten wie möglich aufzurufen. Wie ist die Tür? Was ist gegenüber? Was alles gibt es auf der Straße, am Straßenrand usw. Der Weg, den du in der Imagination gehst, sollte einer sein, den du sehr oft auch in der körperlichen Wirklichkeit gehst. Also vielleicht zum Bäcker, zum Café oder so.

Warum ist so eine Imagination wichtig? Weil es dich lehrt, ganz hellwach und aufmerksam zu sein, wenn du in der körperlichen Realität unterwegs bist, sodass du in der Imagination immer genauer Bilder wieder herholen kannst. Imaginationen von Situationen, die du selbst erschaffst, die es (noch) nicht gibt, leben von deiner Fähigkeit, genau hinzuschauen, achtsam wahrzunehmen und detailgenau in der inneren Wirklichkeit zu reproduzieren.

Mit dem inneren Auge sehen

Schließe in deiner eigenen Wohnung die Augen und imaginiere so viele Dinge wie möglich. Interessant dabei ist, dass es viele leere Flecken gibt, wenn man versucht, alles vor dem inneren Auge zu sehen, was mit geöffneten Augen so alltäglich ist, dass man es schon gar nicht mehr wahrnimmt.

Schließe wieder die Augen und stell dir vor, dass du in den Spiegel schaust. Versuche, dein eigenes Bild vor deinem inneren Auge zu sehen. Das ist schwerer, als man denkt, und es hilft, zuerst das eigene Gesicht so genau wie möglich im Spiegel mit offenen Augen anzusehen. Dann schließt man die Augen und holt das Bild in die innere Wahrnehmung.

Fernsehen

Jetzt könnte ein Experiment ganz nützlich sein. Du machst es mit einer Person, die dazu Lust hat. Du bist in deiner Wohnung, die andere Person in ihrer. Ihr gebt euch telefonisch durch, in welchem Zimmer ihr euch aufhaltet, also Küche, Schlafzimmer, Wohnzimmer oder Ähnliches. Dann konzentriert ihr euch und schreibt so genau wie möglich auf, was ihr von der anderen Person und ihrer Umgebung »sehen« könnt.

Schreibt so spontan wie möglich, ohne angestrengt nachzudenken, alles, was ihr »seht«, auf einen Zettel. Der kommt dann in einen Umschlag, der verschlossen wird. Dann wird ein Foto von dir in dem Raum/von der anderen Person in ihrem Raum gemacht. Jetzt könnt ihr euch treffen, die Umschläge austauschen und mit den Fotos vergleichen.

Das Tolle an dieser Übung: Sie fängt an, in eine andere Dimension zu wachsen. Je öfter man das macht, desto genauer wird die »Inspiration« oder eben nicht. Es gibt tatsächlich Menschen, die einfach nichts sehen, andere haben dagegen ziemlich viele Treffer. Es geht nicht um Ehrgeiz, um Wettbewerb, sondern um spielerisches Erfahren der eigenen Möglichkeiten.

Name im Sand

Stell dir vor, dass du am Meeresstrand stehst. Schreibe vor dem Einschlafen in der Imagination mit dem Finger deinen Namen in den Sand und nimm wahr, wie eine Meereswelle ihn wieder löscht. Es kann dein voller Name, dein Rufname oder dein spiritueller Name sein – du entscheidest, welchen Namen du schreiben willst. Sobald dein Name auf dem Sand steht, imaginierst du eine Meereswelle, die den Namen löscht.

Was hat es damit auf sich? Es führt dich in eine tiefe Entspannung. Das Meer hat deinen Namen mitgenommen, du sinkst tiefer. Dann kannst du wahrnehmen, welche Bilder aufsteigen. Vielleicht schläfst du auch einfach dabei ein.

Diese Imagination ist eine gute Möglichkeit, sich vor dem Einschlafen gelöst und entspannt sinken zu lassen. Sie führt dich aber auch in eine tiefere Ebene, auf der dir möglicherweise Kräfte aus anderen Wirklichkeitsebenen begegnen.

Treppe zum Meer

Schließe die Augen und gehe vor dem Einschlafen in der Imagination eine Treppe zu einem Meeresstrand hinunter. Nimm bewusst die Stufen wahr …

Auch diese Übung hilft dir, in eine Tiefenentspannung zu sinken. Stufe um Stufe stellst du dir den Weg hinunter zum Meer vor, du riechst den Seetang, du hörst die Brandung, du siehst die Wellen, die das Meer auf den Sand wirft und wieder zurückzieht, und du lässt dich ganz in diesen Rhythmus einsinken, während du tief und genüsslich atmest und dich immer weiter entspannst. Manchmal tauchen Meerestiere auf, womöglich auch einmal ein Boot, in das du steigen kannst und von dem du dich übers Meer tragen lässt.

Schutz-Imagination

Wenn ich in andere Wirklichkeitsebenen eintauche, lege ich mir zuvor eine Schutzschicht um. So wie AstronautInnen Raumanzüge brauchen, so müssen wir in einer Imagination eine Art Hülle um uns legen, um vor eventuellen Störungen gefeit zu sein. Feien oder Feyen heißt für mich, den Schutz der Feen/Feyen rufen. Diese Schutzschicht muss genau passen, deshalb stellt man sich das vor, was sich am besten anfühlt. Von Pudding über Seide zu Luft oder Wasser, Eisenpanzer oder Stacheln ist alles möglich. Es gibt keine Regel und keine Anweisung, denn jede reisende Person weiß am besten, was für sie richtig ist.

Variante der Schutz-Imagination

Als **Variante der Schutz-Imagination kann man** den Körper auch mit farbigem Licht füllen. Stell dir im Liegen an einem ruhigen, geschützten Ort vor, dass du mit jedem Einatem farbiges Licht in den Körper atmest, mit dem Ausatem verteilst du dieses Licht im Körper, bis der ganze Körper in diesem Licht leuchtet.

Versuch dich selbst zu sehen, wie du daliegst mit einem farbig leuchtenden Körper.

Mit dem nächsten Ausatem stellst du dir vor, dass das farbige Licht aus allen Poren nach außen fließt.

Jetzt siehst du dich im Lichtkreis deines farbigen Lichts wie in einer Aura.

Dann lass langsam das farbige Licht verblassen.

Rot bedeutet hier Energetisierung.

Blau steht für mehr Weite und Raum.

Grün ist die Heilfarbe.

Violett die Heilfarbe fürs Gehirn.

Gelb schenkt Wärme und Geborgenheit.

Weiß ist die Summe aller Farben in ihrer aktiven Form, nach außen strahlend.

Schwarz die Summe aller Farben nach innen ziehend.

Die Sinne imaginieren

Wir hören. Wir sehen. Es geschieht einfach. Unaufhör-
lich nehmen wir mit unseren Sinnen Eindrücke wahr.
In der nun folgenden Imagination werden wir Sinnes-
eindrücke erfinden, um so die Feinwahrnehmung der
Sinne zu schulen.

Du kannst mit den **Ohren** anfangen. Fühle dich in deine Ohren ein, spür den Gehörgang, das Innere mit dem
kleinen Teich, der für das Gleichgewicht sorgt.

Nun stelle dir ein Geräusch vor, zum Beispiel ein
Lieblingsmusikstück. Versuche, diese Musik ganz körperlich zu hören. Es muss natürlich nicht unbedingt
Musik sein, du kannst auch einen tropfenden Wasser-
hahn, Kirchenglocken, Kinderlachen oder Hundege-
bell imaginieren. Wähle einfach ein Geräusch, das für
dich leicht zu imaginieren ist.

Wenn du es hören kannst, lass die Imagination wieder los.

Wandere dann zur **Nase,** fühl dich in die Nase ein, spür
das Innere, die Flimmerhärchen, und stell dir jetzt einen Geruch vor. Besonders einfach finde ich zum Bei-

spiel Kaffeegeruch, doch es gibt Menschen, denen bei diesem Geruch schlecht wird, also wähle etwas, das dir guttut, vielleicht Lavendel, frischen Apfelkuchen, Weihrauch ... Wenn du diesen Duft gut riechen kannst, lass ihn wieder los. Falls es gar nicht geht – auch nicht schlimm. Manche Sinne lassen sich eben nicht sofort auf eine Imagination ein.

Wandere mit der Wahrnehmung zum **Mund,** spür das Innere des Mundes, die Zunge, die Zähne und stell dir jetzt einen Geschmack vor. Besonders mächtig ist Zitrone. Die meisten Menschen reagieren darauf sofort mit Speichelfluss. Wenn dir das zu krass ist, kannst du natürlich auch einen anderen Geschmack wählen, vielleicht Himbeeren oder Schokolade oder Curryreis, der Fantasie sind keine Grenzen gesetzt.

Sobald du den Geschmack spüren kannst, lass ihn wieder los.

Wandere mit der Wahrnehmung zur **Haut,** spür, wo sie bedeckt ist und wo sie von der Luft berührt wird. Nimm die Übergänge wahr. Stell dir jetzt vor, dass eine Feder dein Gesicht, deine Wangen, vielleicht auch deine Arme, deine Hände, deinen Rücken usw. berührt.

Wenn du diese Imagination wahrnehmen kannst, lass sie wieder los.

Wandere schließlich zu deinen **Augen,** spür die Augäpfel und die Lider, die sie berühren. Dann stell dir ein Bild vor, das dir guttut, vielleicht ist es Meeresbrandung, vielleicht ein Wasserfall, vielleicht ein Feuer oder eine blühende Landschaft, ein Café oder dein Zuhause. Wähle ein Bild, das dir gefällt und das leicht abzurufen ist.

Tatsächlich imaginieren die meisten Menschen zuerst das Bild und dann eventuell die anderen Sinne dazu, also: Wenn ich Lavendelgeruch imaginiere, dann stelle ich mir zuerst Lavendel vor, und allmählich kommt der Geruch dazu. So kannst du es auch mit deinem Bild machen. Du stellst dir das Bild vor und nimmst dann die Geräusche, den Duft, das Gefühl dazu.

Es ist doch überwältigend, wie wir mit der eigenen Fantasie das Leben verändern und unsere eigene Welt erträumen können.

Besuch der Schicksalsnornen

In der nordischen Mythologie gibt es den Weltenbaum Yggdrasil, der den gesamten Kosmos verkörpert. Diesen Weltenbaum Yggdrasil dürfen wir uns als Esche vorstellen, weil er manchmal auch »Weltenesche« genannt wird. Zu seinen Füßen sitzen drei Nornen, drei Spinnerinnen, die Schicksalsfrauen, die uralten Gestalterinnen der Welt. Sie spinnen den Lebensfaden eines jeden Menschen (Urd), bemessen ihn (Verdandi) und schneiden ihn ab (Skuld). An der Wurzel dieses Baumes, an dem die Frauen spinnen, entspringt auch eine Quelle mit dem Wasser des Lebens und dahinter eine mit dem Wasser des Todes. Alte Märchen erzählen davon.

Wer nun in einer Imagination zu diesen drei Spinnerinnen gehen will, darf sie nichts fragen, darf nicht neugierig sein und darf nichts wollen. Denn alles geht von ihnen aus.

Du steigst also hinunter, das Wurzelwerk ist wie eine krumme Treppe, du kommst in dieser Wurzelhöhle an und setzt dich. Vielleicht sprechen sie mit dir, vielleicht geben sie dir eine Aufgabe. Vielleicht geschieht gar nichts. Dann gehst du einfach wieder. Wenn sie dir eine

Aufgabe geben, die du nicht tun willst, dann tust du sie nicht. Wenn sie dir etwas erzählen, fragst du nicht nach. Wenn du gehst, verabschiedest du dich und bedankst dich, dass du bei ihnen sein durftest.

Ins Gorgonenboot steigen

Im Sternbild des Orion gibt es in der Mitte drei Sterne. Sie sollen der Gürtel des Orion sein. In einer langen Meditation mit diesem Sternbild habe ich für mich entdeckt, dass es das Sternbild des Gorgonenbootes ist. In der Mitte sitzen die drei Gorgonen. Sie sind in der griechischen Mythologie drei geflügelte Schreckgestalten mit Schlangenhaaren, die jeden, der sie anblickt, zu Stein erstarren lassen. Was dem Orion eine Art Stab wäre, ist mir das Ruder des Gorgonenbootes. An den beiden Bootsenden steht jeweils auch ein Stern.

Ich finde diese Schreckgestalten so faszinierend, dass ich mich in ihr Boot setze. Sie lehren mich, die Angst zu überwinden und die Starre aufzulösen. Die Erfahrung mit ihnen gleicht der mit einer Riesenwelle: Du kannst darin ertrinken, doch wenn du dich mit dem Wasser darin verbündest, kannst du sie surfen. So lerne ich, das Schreckliche anzuschauen, ohne zu erstarren. Jenseits des Schrecklichen ist der leere Raum – wie wunderbar!

Wenn ich etwas wissen will, das ich nicht lösen kann, steige ich deshalb ins Gorgonenboot. Das mache ich so. Ich suche mir ein ungestörtes Plätzchen und warte, bis das Sternbild am Himmel zu sehen ist. Dann schaue ich lange ins Boot, bis ich das Gefühl habe, dass ich eingestiegen bin. Jetzt schließe ich die Augen und lasse mich von dem Boot über den Himmel fahren. Ich erzähle den Gorgonen von mir und meinem Anliegen. Sie sprechen mit mir. Schließlich verabschiede ich mich wieder und steige aus. Es ist mir auch schon geschehen, dass meine Hosenbeine plötzlich und unerklärlich nass waren ...

Nachtmeditation

Für diese Imagination braucht man starke Nerven, jedenfalls ist das mein Eindruck. Wenn ich nachts in den Himmel schaue, lege ich mich nicht mehr hin, denn im Liegen hatte ich oft das Gefühl, ich fliege weg und gehe im tiefen, dunklen Raum verloren. Schon als Kind hatte ich diese universellen Visionen, die mich erschreckt haben, sodass ich ein Bild für mich finden musste, um aus der Tiefe des dunklen, unendlichen Raums wieder aufzutauchen. Das Bild, das ich fand: ein Heuwagen, von zwei Pferden gezogen, der durch eine Straße meines Geburtsorts fährt. Ich lasse mich auf das Heu fallen und bin wieder hier.

Natürlich muss jede und jeder selbst entscheiden, welches Landebild passend ist. Denn ich finde schon, dass man das Landebild haben muss, ehe man ins Universum abtaucht. Zuerst sieht man die Sterne und erkennt bekannte Formationen, doch dann wird der Raum tiefer und unergründlicher und kühler, man sieht Impulse aufblitzen, gelegentlich fällt eine Sternschnuppe, und ich höre manchmal auch Klänge.

Wenn's genug ist, wird der Landeplatz angesteuert.

Dann bedanke ich mich.

In den Kessel schauen

Diese Imagination weist einen Weg in die Zukunft, denn im Kessel der keltischen Göttin Cerridwen oder der nordischen Meeresgöttin Sedna wird alles gekocht, was in der Welt auftauchen wird. Er steht symbolisch für den Bauch der Frau, aus dem alles kommt.

Die Imagination des Kessels öffnet eine Spur in die Ebene jenseits von Zeit und Raum. Wer in einer Fantasiereise in den Kessel schaut, sieht vielleicht zunächst gar nichts. Doch sich auf den Kessel zu konzentrieren hilft, den eigenen Geist zu konzentrieren, und schließlich auch, eigene Bilder zu rufen.

Was bedrohlich ist, kann auch weggeschickt werden – wahrnehmen und gehen lassen! Es ist gut, den aufsteigenden Bildern (der eigenen Fantasie) gar keine Wertung zu geben, und wenn etwas auftaucht, das Gesehene wie einen Film zu betrachten und sich vielleicht später einmal zu überlegen: Was hat das jetzt mit mir zu tun?

Für mich steht eine Fantasiereise allerdings in erster Linie dafür, die eigenen Bilder und Impressionen kennenzulernen. Nach der Imagination soll der Kessel verabschiedet und den Göttinnen Cerridwen und Sedna gedankt werden.

Der Heilgarten

Wähle einen ruhigen, ungestörten Ort, schließ die Augen und lass eine Landschaft aufsteigen, eine Landschaft ganz nach deinem Bedürfnis. Vielleicht liegt sie am Meer, vielleicht in den Bergen oder in der Wüste – es gibt kein Rezept, es muss für dich passen.

In diese Landschaft setzt du nun deinen Heilgarten. Es kann ein Garten mit Zaun und Tor sein, beschützt oder offen, ein Garten, in dem du Heilkräfte finden kannst. Nimm wahr, wie du in diesen Garten gelangst, welche Pflanzen es dort gibt, welche du noch dazugeben willst. Gibt es Wasser? Gibt es Feuer? Gibt es ein Haus?

Nimm wahr, was bereits da ist, und gestalte, was du dort haben willst.

Vielleicht willst du auch ein Heilritual für dich finden? Erfinde es!

Vielleicht kannst du Düfte riechen?

Gibt es Tiere? Vogelgesang? Heilsame Begegnungen?

Wenn du dich lang genug im Heilgarten aufgehalten hast, kannst du dich verabschieden in der Gewissheit, dass du jederzeit zurückkehren kannst.

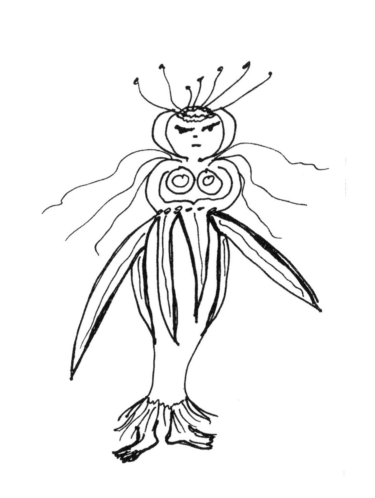

Die magische Insel

Eine Insel steht für Abgeschiedenheit, für Schutz, sie liegt im Wasser, das heißt, sie ist nicht leicht zugänglich und wird so zu deinem ureigenen magischen Raum. Natürlich kannst du diesen magischen Raum auch irgendwo anders gestalten, in einer Höhle, auf einem Berg, in der Wüste usw.

Wähle den Ort aus und lass dich dann zu diesem Ort tragen.

Wenn es die Insel ist, geh zum Meeresstrand, dort liegt ein Boot. Es ist dein eigenes Boot, es kennt dich, niemand anderes kann es benutzen. Sobald du einsteigst, trägt es dich zu deiner Insel, die nur für dich sichtbar ist.

Wenn du die Insel betrittst, schau dich genau um. Was gibt es dort?

Was möchtest du auf deiner Insel gestalten? Richte dir diesen magischen Ort so ein, wie du ihn haben willst. Du kannst hier auch deiner Beraterin/dem Berater begegnen. Entweder gibt es schon ein Wesen, ein Tier, eine Pflanze, die dich lehren, die dir helfen kann, oder du rufst es. Vielleicht kommt dieses Helferwesen nicht beim ersten Mal. Da du aber immer wieder zu deiner magischen Insel zurückkehren kannst, kannst du dich entspannen. Wenn der Zeitpunkt richtig ist, wirst du eine Begegnung finden.

Dieser Ort in der anderen Ebene der Wirklichkeit kann heilend, lebensrettend und auch das Leben gestaltend sein. Dort holst du dir die Kraft, die du im alltäglichen Leben brauchst.

Verabschiede dich immer wieder ganz bewusst von diesem magischen Raum und kehr in die körperliche Wirklichkeit zurück.

Das Zukunftsbild einrichten

Um uns an ein Zukunftsbild anzunähern, ist es gut, zunächst eine Situation in der Vergangenheit zu erinnern und bildlich aufzurufen, in der wir sehr glücklich, sehr gelöst waren und herzlich gelacht haben. Viele Frauen sagten mir, so eine Situation können sie sich nicht einmal vorstellen. Falls es mit dem Lachen nicht klappt, so könnte doch ein Ort oder eine Situation auftauchen, in der ein Gefühl von Geborgenheit und Wohligkeit zu spüren war. Dieses Bild kann jetzt in der Imagination fotografiert und zu Hause an einem Ort aufgestellt werden, wo es – natürlich nur für die Person, die es imaginiert – sichtbar ist.

Danach kann man eine Situation in der Zukunft bauen, wie sie sein soll: Sie wird wie eine Filmszene eingerichtet, der Ort, die Situation, das Ereignis. Nur Menschen sollten da nicht hineingebaut werden, denn sie haben schließlich einen eigenen Willen, und wir können nicht – auch nicht in der Imagination – über sie verfügen. Nehmen wir an, du willst verliebt sein – du kannst ja das Gefühl des Verliebtseins in die Szene einfügen, dann ist es doch egal, in wen du verliebt bist.

Du willst einen tollen Job? Bau dir die Situation,

aber nicht die Menschen, die damit zu tun haben. Denn wenn der Job gut ist, ist es egal, wo der ist.

Wenn die Szene gut sichtbar ist, kannst du wieder ein imaginäres Foto machen und es zu Hause aufstellen.

Jede Imagination kann natürlich in immer neuen Nachfolgebildern korrigiert, neu geformt, verbessert werden.

Imagination ist ein spielerischer Vorgang, kein Dogma, keine Festschreibung.

Je leichter und spielerischer du an die Sache herangehst, desto vergnüglicher und schließlich auch erfolgreicher werden deine Imaginationen sein.

Ein Tier hinter der Stirn, eine Pflanze am Hinterkopf

Diese Imagination sagt etwas darüber aus, wie wir unseren Alltag bewältigen (Tier hinter der Stirn) und welche Kraft unser Archiv im Rückenmark beschützt (Pflanze am Hinterkopf). Auch wenn man weiß, welche »Funktion« diese Imagination haben kann, ist es eine erstaunliche Stärkung der eigenen Energie, denn das Tier oder die Pflanze kann natürlich auch willentlich eingesetzt und damit bewusst eine Kraft in den Körper geholt werden.

Stell dir vor, hinter deiner Stirn taucht ein Tier auf. Manchmal taucht eins auf, das wir gar nicht wollen, das eine echte Überraschung ist. Solltest du es da nicht haben wollen, schau es dir dennoch genau an und mach dich hinterher schlau, was dieses Tier alles kann. So ein Tier hinter der Stirn ist durchaus auch ein Helferwesen, das dir Kräfte zuspielt, die du im Alltag gut brauchen kannst.

Dann stellst du dir eine Pflanze vor, die aus der Wirbelsäule am Hinterkopf nach oben wächst. Wieder ist es nützlich, erst einmal wahrzunehmen, was eventuell von allein kommt, und zu erforschen, um welche

Pflanze es sich da handelt, bevor du die Pflanze dort einsetzt, von der du dir vorstellen kannst, dass sie dein tiefes, un-gewusstes, gut geschütztes Archiv behütet.

Das Hirn lässt uns Ereignisse oder Energien vergessen, die für uns traumatisch oder einfach nicht gut waren. Die frühe Kindheit verschwindet auf diese Weise oft vollständig. Nicht im Rückenmark.

Wenn das Hirn sagt: »Das vergessen wir jetzt besser!«, sagt das Rückenmark: »Wer weiß, wann wir diese Erinnerung wieder brauchen!« Und speichert alles. So kommt es, dass wir zum Beispiel Rückenschmerzen bekommen, wenn wir in einer Situation sind, die womöglich eine Erinnerung an eine Qual in der Kindheit aufruft. Das Rückenmark warnt, die Impulse gehen über die Faszien zu den Muskeln: Achtung! Gefahr!

Mit der Pflanze in diesem Archiv gibst du eine Kraft ein, die nicht nur schützt, sondern auch die Erinnerung heilend behandelt.

Kraft aus der Erde
in den Körper fließen lassen

Leg dich bequem an einen ruhigen, sicheren Ort, an dem du nicht gestört wirst. Entspanne deinen ganzen Körper von den Füßen nach oben bis zum Kopf.

Nimm jetzt alle Stellen deines Körpers wahr, die die Unterlage berühren, die also von der Erdkraft auf der Unterlage gehalten werden. Und während du wahrnimmst, wie du gehalten, ja von der Erdkraft umarmt wirst, stell dir vor, dass diese starke Kraft nun wie eine heilende Energie in deinen Körper fließt und alle deine Zellen erfrischt und erneuert.

Lenke diese heilende, starke Energie mit dem Atem überall dorthin, wo du etwas lösen willst oder mehr Kraft brauchst.

Lass allmählich den Atem tiefer und körperlicher werden, atme tief ein und kräftig aus und fang an, die Zehen, die Finger zu bewegen.

Räkle und strecke dich und tauche wieder ganz aus der Imagination auf.

Du kannst die Knie zum Körper ziehen und sie mit den Armen umfangen, dich ein wenig schaukeln und dich dann über die linke Seite zum Sitzen aufrichten.

Den eigenen Körper in der Imagination gestalten

Ich habe festgestellt, dass es wichtig ist, den Körper immer wieder in seiner ganzen Gestalt wahrzunehmen und ihn dann in der Imagination zu bearbeiten. Als ich durch einen schweren Verkehrsunfall schwer behindert war, hörte ich nicht auf, mir den Körper heil und ganz zu imaginieren. Ich fühlte, wie die Nerven sich wieder verbanden, ich stellte mir die Heilung der Knochen vor, das Aufstehen, das Gehen, das Laufen. Ich speckte in der Imagination ab und spürte meinen Körper leicht und geschmeidig, zugleich zäh und belastbar. Ohne diese Imaginationen hätte ich mich von den vielen Verletzungen, die in meinem Leben aufschlugen, nicht erholt.

Unmittelbar nach dem Unfall, als ich noch im Krankenhaus lag und mich nicht wirklich bewegen konnte, fand ich eine Imagination, die ich bis heute wunderbar und hilfreich finde.

Hintergrund dieser Imagination war ein Märchen (wie so oft übrigens, denn Märchen regen ja seit der Kindheit unsere Fantasie an), in dem der Held sich nicht gruseln konnte und auszog, um das Gruseln zu lernen. Er kam zu einem Schloss, in dem jede Nacht die Geister ein Skelett zerlegten und mit den Knochen ein Kegelspiel veranstalteten. Die Aufgabe für den Helden war, das Skelett wieder zusammenzusetzen, sodass kein Knöchelchen fehlte. Er merkte, dass die Geister den kleinen Finger versteckt hatten, und löste so diese magische Situation auf. Denn wer die Tricks und Manipulationen der Geister (und letztlich natürlich auch der Menschen) durchschaut, bricht ihre Macht und wächst in der eigenen Kraft.

Ich stellte mir also vor, dass mein ganzer Körper aufgelöst wurde, die Hände, die Arme, die Füße, die Beine, der Rumpf, der Hals und schließlich der Kopf. Alles flog davon, bis nur noch ein pulsierender blauer Punkt übrig war. Das war ich. Die Essenz. Der pulsierende blaue Punkt.

Dann rief ich den Körper zurück, den Kopf, den Hals, den Rumpf, die Beine, die Füße, die Arme, die Hände, bis alles wieder zusammengefügt war.

Wundersamerweise wurde mit jeder dieser Imaginationen der Körper kräftiger und lebendiger. Ich begann, mich wieder aufzurichten, zu sitzen, zu stehen.

Diese Imagination bewirkt, dass du mehr Verantwortung für deinen Körper übernimmst und nicht dem Zufall überlässt, was mit ihm geschieht.

Die NothelferInnen

Ich finde es besonders stärkend, Helferwesen und NothelferInnen zu finden und Kontakt zu ihnen zu halten. Diese Idee gibt es wohl seit dem Anbeginn der menschlichen Kultur, wie wir aus den Höhlen der Eiszeit, der Steinzeit und den magischen Bauten und Hinterlassenschaften unserer AhnInnen wissen. Die frühen Menschen riefen ihre Helferkräfte durch Felsgravuren und Malereien, sie riefen Frauenkraft, Mammuts, Pferde, Elefanten, Giraffen, doch kaum jemals riefen sie Tiere, die sie aßen. Die dargestellten Tiere waren Geist-Nahrung, Hilfe aus anderen Wirklichkeiten. Bis heute ist der Bär/die Bärin eine der stärksten Helferkräfte für Menschen. Vom Altar mit Bärenschädel in der Chauvet-Höhle bis zum Teddybären im Kinderbett – der Bär ist vom Menschen nicht zu trennen. Teddybären sind für die meisten Kinder die wichtigste Helferkraft. Und Bären sind für die meisten Frauen, die spirituell unterwegs sind, die LieblingsbegleiterInnen. Männer scheinen da eher Wölfe zu bevorzugen – wie auch immer: Wir müssen herausfinden, welche Tiere, welche Gestalten unsere HelferInnen sind.

Im iberischen Raum ist der Hase in der Frühzeit das am meisten dargestellte Tier, in den Höhlen Südfrankreichs und auf der Schwäbischen Alb findet man eher das Mammut dargestellt, sogar als kleine Skulptur. Frauen sind in allen Darstellungen der Frühgeschichte die bedeutendste Kraft, Frauen als abstrakte Reduzierung, als Gravur, als dargestelltes Dreieck, als Skulptur. Die Frau verkörperte Macht – Geburt, soziales Netz, Nahrung, Begleitung in den Tod. Für christlich religiöse Menschen dürfte Maria das Rennen machen. Der portugiesische Ort Fatima, an dem »eine weiße Dame« drei Hirtenkindern in einem Olivenbaum erschien, und all die Marien-Wallfahrtsorte dieser Welt von Lourdes über Altötting bis Monserrat oder Nazaré sind der Beweis, dass bis heute die Menschen Maria die wohl stärkste Helferkraft zuschreiben. Christlich orientierte Menschen mögen Heilige bevorzugen, spirituelle wählen dagegen eher Gurus, starke magische Persönlichkeiten wie Jeanne d'Arc oder Boadicea, die Kaiserin Adelheid oder die weiße Büffelkalbfrau.

Helferwesen kann man auch recherchieren. Welche Kultur ist mir nah, welche Ereignisse gab es da, welche Menschen imponierten mir, welche haben so gearbeitet, wie ich arbeiten möchte. Wenn ich in Gefahr bin – an wen würde ich mich spontan wenden?

Und wie ruft man denn Tierhelfer, Göttinnen, Geistwesen?

Die älteste und einfachste Art ist ein Bild derjenigen Kraft, die gerufen werden soll. Entweder kann man es selbst malen oder gestalten oder irgendwo finden und kopieren/ausschneiden.

In der Anrufung sollen so viele Eigenschaften und Kräfte wie möglich benannt werden, die zu der angerufenen Helferenergie gehören.

Ein kleiner Altar oder ein Schrein, in dem die Kräfte vertreten sind, die man rufen will, ist auch eine gute Idee.

Wer einen Schrein, eine »heilige Ecke« im Haus oder im Zimmer hat, erinnert sich immer daran, dass die physische Realität nur eine Dimension der vielen Wirklichkeitsebenen ist.

Ich habe festgestellt, dass ich in Sachen Helferwesen völlig undogmatisch bin: Wenn ich etwas verloren habe, rufe ich den heiligen Antonius (Toni, hilf!), dem schon meine Oma vertraute. Maria ist auch eine Lieblingshelferin von mir, aber es ist für mich kein Widerspruch, auch der Baba Jaga, der Göttin Kali oder der Holla mein Anliegen vorzutragen. Meine zwei Großmütter Gretl und Rosina sind meine ständigen

Begleiterinnen, seit sie mir lang nach ihrem Tod erschienen. Ich fühle mich von etlichen Tieren und Pflanzen geschützt, ein Meteorit arbeitet sehr erfolgreich mit mir zusammen. Seit über dreißig Jahren regle ich meinen Alltag mit meinem Ahninnen-Topf. Brauche ich Unterstützung in einer schwierigen Entscheidung, so gehe ich an eine Wegkreuzung und rufe Hekate, die Mutter aller weisen Frauen.

© Volker Derlath

Luisa Francia ist Schriftstellerin, Künstlerin, Zauber-
kundige, Reisende, hat eine erwachsene Tochter,
spricht fünf Sprachen und hat über dreißig Bücher ver-
öffentlicht, von denen einige Bestseller wurden. Sie
gibt Seminare, unterrichtet Yoga, hält Lesungen und
Vorträge, die sich hauptsächlich mit Frauenkraft und
Frauenweisheit beschäftigen. Sie lebt in der Nähe von
München und in Portugal.